魯쉰과 함께

魯쉰과 함께

두 쉰이 만났다
루쉰과 쉰 살의 이야기

글 성연

| 목차 |

서문-루쉰이 이글을 좋아할까?

내 이럴 줄 알았다. 언젠가는 하고 생각은 했지만 그건 생각만이었다. 혼자 생각은 몰래 했었다. 만약 내가 책을 낸다면 그건 루쉰에 대한 것이겠지 싶었다.

아마 제일 처음으로 루쉰을 안 쓰고는 못 배기리라.

루쉰은 중국의 혁명가다. 아니다. 루쉰은 문학가다. 아니다. 루쉰은 잡문이라는 새로운 형식을 만든 사람이다. 아니다. 루쉰은......이다. 아니다. 이다. 아니다.

그를 혁명가라고 말하는 순간 바로 아니며, 그를 문학가라고 말하는 순간 또 바로 아니다.

루쉰은 그 모두가 아니면서 그 모두다. 하나의 이름으로 묶이지 않는 그는, 루쉰은 그냥 루쉰이다.

아무리 생각해도 이런 책은 내는 게 아니다.
원고를 정리하면서 끊임없이 드는 이런 생각을 무릅써야했다.
루쉰에 대한 해석들 너머 내 눈에는 다른 루쉰이 보였다.
그럼 안 쓰고는 못 배기지.

자신의 글이 더 이상 읽히지 않아도 되는 세상이 오기를 바랐던 루쉰의 바람은 이루어지지 않았다. 나에게 읽혔고 앞으로도 읽힐 것이다.
아직 못 다한 루쉰의 글이 떠올라 덜컥, 한다.
이번엔 여기까지다.

2019. 12. 9 깊은 밤에 쓰다.

이것이 복수다. 복수는 '너'를 죽이는 것으로
끝나지도 '나'를 죽이는 것으로 끝나지도 않는다.
복수는 '그'의 죽음인 복수 그 자체를 죽임으로만
복수를 소멸시킬 수 있다.

누구의 것도 아닌 복수

원한 말고 복수

누군가에게 복수를 해야 한다면 그것은 치명적이어야 한다. 그것은 복수의 대상인 적이 원하는 것을 하지 않는 것이다. 적이 원하는 게 내가 죽는 것이라면 안 죽는 것이고, 못 살기를 바란다면 별일 없이 사는 것이 복수다. 복수에 대한 무시무시한 시가 있다. 루쉰의 시 『들풀』에 나오는 복수 시리즈 중 <복수 1>. 여기 두 남녀에게 복수는 구경꾼들이 원하는 것인 구경거리를 제공하지 않는 것이다.

> 그렇지만 그 둘은 마주 서 있다. 광막한 광야에서 온몸을 발가벗고, 비수를 들었다. 그렇지만 보듬을 생각도 죽일 생각도, 전혀 없어 보인다. 뿐이랴, 보듬을 생각도 죽일 생각도 있어 보이지 않는다.
>
> 그 둘은 그렇게 한없이 서 있다. 통통하던 몸집이 메말랐다. 그렇지만, 보듬을 생각도 죽일 생각도, 전혀 없어 보인다.
>
> 행인들은 이리하여 무료함을 느꼈다. 무료함이 털구멍을 파고드는 듯하였다… 이리하여 그들은 목구멍이 마르고 목이 뻐근함을 느꼈다. 마침내 서로를 마주 보더니 서서히 흩어졌다. 메마른 나머지 흥미마저 잃었다.
>
> 그리하여 광막한 광야만 남았다. 두 사람은 그 가운데에서, 온몸을 발가 벗은 채 비수를 들고 메마르게 서 있다. 죽은 사람 같은 눈빛으로, 행인들

의 메마름을 감상한다.

- 『들풀』, 「복수」, 그린비, 38쪽 인용

광야에 비수를 든 벌거벗은 두 남녀. 구경꾼들에게 이보다 더 좋은 구경거리가 없다. 구경꾼들의 바람은 이들이 보듬거나 죽이거나 치정극이 벌어지길 기다리는 것이다. 애들에게 무슨 일이 일어나겠지? 서로 물어뜯고 피를 흘리겠지? 빨리 무슨 일이든 좀 일어나라구. 하지만 구경꾼이 원하는 피의 대 살육은 일어나지 않는다. 그들이 무료함을 느끼다 흥미를 잃고 뿔뿔이 흩어지면 이제 두 남녀의 복수는 완성된다......고 생각하겠지만 그러나, 그렇지 않다.

상대방이 원하는 것을 하지 않는 것은 복수의 대상만 죽이는 것이다. 이것은 원한에 가깝다. 원한과 복수의 다른 점은 복수에는 자기 살해가 있다는 것이다. 원한은 상대방을 죽이면 끝나지만 복수는 상대를 죽이는 것과 동시에 나도 죽는다. 그것이 없는 한 복수는 반복된다. 두 남녀의 경우 구경꾼을 흩어지게 만든다 해도 그들이 죽지 않는 한 구경꾼은 또 온다. 두 남녀의 통통하던 몸집이 메말라가는 이유다. 이들의 복수가 완성되려면 구경꾼의 바람을 메마르게 하고 그들과 함께 자신들도 메말라가는 것이다.

어둠 속에서 말소리가 끝나자마자, 미간척은 손을 어깨 위로 들어 올리더니 등에 진 푸른 검을 뽑으면서 그대로 뒤에서 앞으로 자신의 목 뒷덜미를 한칼에 내리쳤다. 두개골이 땅바닥 푸른 이끼 위에 떨어지는 그 순간, 그는 검은 사람에게 검을 넘겼다.

- 『검을 벼린 이야기』, 루쉰전집 3, 그린비, 374쪽 인용

『검을 벼린 이야기』 속 주인공 미간척은 아버지의 복수를 위해 불구대천의 원수인 왕을 죽이러 길을 나선다. 미간척의 아버지는 세상에 둘도 없는 검을 만든 자였다. 왕은 유일한 검을 소유하고자 미간척의 아버지를 죽인다. 유약하기만 했던 16세 소년 미간척의 눈에 보인 세상은 부조리했다. 부숭부숭하고 누리끼리한 사람들의 얼굴과 꽃무늬 옷을 입은 뚱뚱한 왕의 행차. 왕의 행차가 지나가자 누가 더 왕에게 몸을 납작 엎드렸는가 왈가왈부하는 사람들의 모습. 작은 오해로 미간척이 궁지에 몰리자 빙글빙글 웃기만 하는 구경꾼들의 시선. 잠깐 맛 본 세상이지만 세상은 알 수 없는 곳이었다.

그에게 검은 사내가 나타난다. 사람들 속에서 궁지에 몰릴 때도 그 사내가 나와서 해결됐었다. 검은 사내가 말한다. 나는 네 아버지를 잘 알고 있다. 아버지의 복수를 위해 검과 너의 머리를 다오.

『검을 벼린 이야기』의 미간척의 복수도 자기 살해다. 다시 말하지만, 복수는 상대방이 원하는 대로 하지 않는 것일 뿐만 아니라 더 나아가 자기 살해가 있어야 한다. 복수의 대상은 물론 복수하는 주체의 죽음이 있어야 루쉰식 복수다. 미간척이 자신을 죽이러 온다는 정보를 입수한 왕은 미간척을 죽이러 사람을 보낸다. 이 소설에서 미간척의 복수의 대상인 왕이 원하는 것은 미간척의 죽음이다. 때문에 미간척의 복수는 왕이 원하는 대로 되지 않는 것, 왕의 손에 죽을 수 없는 것이었다. 하지만 지금 왕은 못 죽이고 자신만 죽게 생겼다. 도망가도, 여기서 잡혀 죽임을 당해도 아버지의 원수를 갚을 길은 영영

사라진다.

나도 죽고 너도 죽고 그도 죽는다

복수의 대상인 왕을 죽이고 복수의 주체인 나도 죽는다. 이것이 루쉰식 복수라 했다. 지금 미간척의 복수는 불발로 끝날 위기상황. 그러나 아버지의 복수를 위해 떠난 길에서 만난 생명부지의 검은 사내로부터 들은 이상한 이야기는 미간척의 딜레마를 깨끗이 해결한다.

> 총명한 아이야 잘 들으렴. 내가 얼마나 원수를 잘 갚는지 너는 아직 모르지. 너의 원수가 바로 내 원수이고, 다른 사람이 곧 나이기도 하단다. 내 영혼에는 다른 사람과 내가 만든 숱한 상처가 있단다. 나는 벌써부터 내 자신을 증오하고 있단다!
> - 같은 책, 374쪽 인용

이 이상한 이야기는 한마디로 복수를 대신 갚아주겠다는 것. 그 이유는 너의 원수가 곧 나의 원수이고 다른 사람이 곧 나 자신이라는 것이다. 너의 원수가 나의 원수가 되려면 다른 사람인 미간척의 아버지와 미간척이 곧 나 자신과 같다는 생각이 전제돼야 한다. 왜 다른 사람이 곧 나인가.

살면서 제일 안 되는 게 타자에 대한 공감이다. 내 바운더리에 있는 사람에게는 공감하는 척이라도 할 수 있지만 조금만 관계없다 싶은 사람에게는 마음이 너무 멀다. 여기서 검은 사내는 미간척과 아무 상관없는데 대신 복수를 하려 한다. 이런 공감은 어떻게 가능한가.

이것은 검(劍)의 이야기다. 검은 사내는 검의 현현이다. 검은, 사내의 입을 통해 이렇게 말한다. 같은 시대 속에서 벌어진 모든 사건의 책임은 어느 누구 한사람인 개인의 책임이 아니다. 미간척의 복수라는 사건도 미간척 개인의 일이 아니다. 휘날리는 검의 아수라장 속에서 너와 나는 똑같다. 아버지의 죽음이라는 하나의 사건은 미간척의 아버지를 죽인 왕의 욕망과 그것에 알게 모르게 동조한 혹은 구경한 동시대의 도그마 속에 우리 모두가 동참하고 있는 것이다. 그래서 검의 영혼은 상처투성이다. 욕망으로 휘둘린 상처투성이가 검의 통렬한 내적 성찰이 공감이다.

> 그의 머리는 물로 떨어지자마자 그대로 왕의 머리에 달려들어 왕의 코를 한입에 물었다. 거의 빼낼 것 같은 기세였다. 왕은 참지 못해 "아이고"하는 비명을 지르며 입을 벌렸다. 미간척의 머리는 이 틈을 타 빠져나왔고 얼굴 방향을 바꿔 왕의 아래턱을 죽을힘을 다해 물어뜯었다… 그러면서 왕이 정말 죽은 것인지 죽은 체 하는 것인지를 살폈다. 왕의 머리가 확실하게 숨이 끊어진 것을 알게 되자 네 개의 눈은 서로 마주 보고 씽긋 한번 웃었다. 그리고 곧바로 눈을 감고는 얼굴을 하늘로 행한 채 물 속으로 가라앉았다.
>
> - 같은 책, 384쪽 인용

이보다 더 그로테스크할 수 없다! 연회를 위한 커다란 솥단지 안에 세 개의 머리가 있다. 왕과 미간척 그리고 자신의 목을 친 검은 사내의 머리까지 세 개의 머리가 빙빙 돈다. 미간척의 머리가 왕을 물어뜯다 종국에는 누가 누구의 머리인지 형체도 알 수 없게 사그라지는 이 광경.

마침내 루쉰이 말한다. 이것이 복수다. 복수는 '너'를 죽이는 것으로 끝나지도 '나'를 죽이는 것으로 끝나지도 않는다. 복수는 '그'의 죽음인 복수 그 자체를 죽임으로만 복수를 소멸시킬 수 있다. 이것이 솥단지 안의 세 개의 머리가 모두 사라지는 이유다. 복수의 주체와 대상 그리고 복수 그 자체인 검의 죽음이다. 복수는 나의 것도 너의 것도 그의 것도 아니다. 그 누구의 것도 아닌 복수. 복수마저 사라지는 복수의 자리에 생명고양의 환희, 사랑이 있다.

이 소설에서 가장 뜬금없는 게 바로 이런 부분이다. "아아 사랑이여 사랑이로구나....아하 오호라, 오호 오호 사랑이여 오호라, 오호라 아호." 미간척의 머리가 들어있는 솥단지가 끓어오르는 순간 미간척의 잘려진 머리와 검은 사내가 함께 부르는 사랑타령. 이 뜬금없는 사랑타령은 이미 죽은 미간척과 앞으로 죽을 검은 사내의 송가다. 복수 그 자체마저 사라지는 바로 그 자리에서 부르는 환희의 노래는 삶과 죽음을 넘어 왕도, 권력도 그 무엇도 막을 수 없는 두 사람이 부르는 생명의 노래가 아닐까.

끝날 때까지 끝난 게 아니다

안심하긴 이르다. 루쉰의 소설은 끝날 때까지 끝난 게 아니다. 세 사람의 머리가 들어 있는 아직도 뜨거운 솥단지가 있음을 생각해내자. 왕궁은 발칵 뒤집혔다. 왕의 죽음을 슬퍼할 겨를도 없이 세 사람의 머리 중 왕의 머리를 골라내야 했다. 온갖 처방이 다 나왔다. 왕의 뒤통수 모양새와 이마의 상처 자리, 코의 높이까지 밤샘 토론 끝에 그들이 내린 결론은 세 개의 두개골을 함께 금관에 합장하자는 것. 도무지 미간척과 검은 사내, 왕의 두개골을 구별해낼 수 없었던 것이다. 장례식은 시작되었다. 왕의 몸뚱이와 세 개의 두개골이 들어 있는 황금관이 흔들흔들 저 멀리서 모습을 드러냈다. 사람들은 두 역적의 머리가 같이 들어 있다는 사실에 찜찜해하면서도 연신 절을 올렸다.

왕후와 수많은 후궁들은 그저 울고 대신과 환관들은 슬픈 체하고 있다. 수레 위의 사람들과 길 위의 사람들의 눈길이 서로 마주쳤다. 장례식은 좋은 구경거리였다. 나중에는 사람들도 시들해지고 장례 행렬도 뒤죽박죽 엉망이 되면서 이 소설은 끝난다. 팽팽한 복수 뒤의 어이없는 혼란. 이 썰렁한 결말 앞에 우리는 할 말을 잃는다. 나는 복수를 위해 나를 죽일 수 있는가. 너의 복수를 위해 나를 죽일 수 있는가. 나와 상관없어 보이는 그의 복수를 위해 복수를 죽일 수 있는가. 루쉰식 복수가 불러온 우리의 버거운 질문이 무색하게 장례는 흐지부지 치러지고 사람들은 무심하다.

보아라. 이것이 진실이다. 복수 그 자체가 사라진 자리에 무관심이 창궐한다. 생명 고양의 환희와 공감과 연대의 아름다움이 사라지는 건 순식간의 일이다. 이렇게 말하고 있는 것 같다. 루쉰의 결말은 우리에게 씁쓸한 진실을 남기며 끝난다. 복수를 완성한 두 사람의 눈이 씽긋 웃는 그 순간에 이 소설은 끝났어야 했다. 뭐든 안심하긴 이르다. 루쉰의 소설은 끝날 때까지 끝난 게 아니다.

문득 궁금하다. 예전, 머리를 빡빡 깎아
공부 의지를 드러내던 그들은 어떻게 됐더라.
기억에 없는 걸 보니 아마도 그들이 원하는
결과는 아니었던 듯싶다.
머리와 화장을 포기하면 글이 잘 써지고
공부가 잘 된다면 백번 그렇게 하겠다.

슬기로운 미용 생활

나의 미용 생활

머리카락 이야기를 쓰려니 내 생애 가장 비싼 미용실에 다니던 때가
생각난다. 강남 모처에 있는 그 미용실은 근방의 다른 미용실과 비교
해 봐도 그중 비싸기로 유명한 집이었다. 물론 장점도 있었다. 그곳은
다른 건 몰라도 머리 하나 자르는데 온갖 정성을 다 들였다. 여기서
온갖 정성을 들인다는 것은 시간이 오래 걸린다는 것과 비례한다. 주
기적으로 '외쿡'에서 연수받고 오신 원장님이 최신식 스타일로 머리
카락을 한 올 한 올, 그야말로 오랜 시간에 걸쳐 정성을 다해 잘라준
다. 오랜 시간=정성이 주는 만족감은 생각보다 컸다. 꽤 오랫동안 그
미용실을 애용한 걸 보면. 그러면 계속 다니지 왜 그만뒀는가? 때마
침 공부를 하러 다니기 시작했기 때문이다.

인문학과 미용 생활

인문학 공부는 사람을 정말이지 많이 변화시킨다. 공부가 시작되자
미용실은 고사하고 세수만 겨우 하고 갈 때도 많았다. 그러나 '빡쎈'
인문학 공부 과정도 나의 소중한 미용 생활을 막지 못했다. 틈만 나

면 뭐라도 찍어 바르고 열심히 머리를 감고 다녔다. 문제는 여기에서 불거졌다. 틈만 나면 뭐라도 찍어 바르고 열심히 머리를 감고 다닌 것이 어느새 모든 문제의 원인처럼 되어 버렸다. 나의 미용 생활은 아직도 버리지 못한 허영심의 증거라는 생각 때문이다. 나중에는 머리를 잘라보라는 충고도 들었다. 그러니까 나의 소소한 미용 생활 그걸 포기하면 공부도 마음가짐부터 달라진다는 말인데, 이 말이 맞나?

이런 면에서 루쉰의 「수염이야기」는 재미나다. "당신은 어찌하여 일본인의 모양을 흉내 내어, 신체도 왜소한 데다 수염까지 그렇게...." 한 국수가(國粹家)겸 애국자가 거창하고 탁월한 이론을 전개하자 당시 세상 물정 모르는 젊은이였던 루쉰은 꼬박꼬박 논쟁을 벌인다. 첫째, 내 신체는 본래 그 정도 크기이며 둘째, 내 수염은 실로 여러 일본인과 닮았지만 그건 일본인 흉내가 아닌 독일의 황제의 수염이 그 기원이며 어쩌구 저쩌구.

아무튼 루쉰의 해명에도 그 국수가는 노여움을 풀지 않았던 듯하다. 여러 차례 반복해서 말싸움하는 일도 번거로워 되는대로 놔두니 이번에는 수염이 다시 아래로 늘어져 버렸다. 그러자 이번에는 개혁가들의 반감을 샀다. 수염이 치켜 올라가면 일본인 흉내가 되고 내려가면 국수가가 되니 당최 난감한 일이었겠다.

그런데 수염 이전에 고초를 겪은 것은 머리털이다. 「두발이야기」는 수염보다 더 심각하다. 중국의 반제국, 반봉건 혁명인 신해혁명 이전의 상황은 변발을 잘라 머리가 짧아지면 나라에서 머리통을 자르고, 죽는 게 무서워 변발을 하고 있으면 당시 개혁군인 장발적에게 머리통을 잘리니 그야말로 머리털 하나 때문에 민중이 고초를 겪고 목숨을 잃는 수난의 시대였다.

혁명이 가능하다고 습속의 혁명까지 가능한 것은 아니었다. 신해혁명 이후에도 한동안 머리털의 수난은 계속됐다. 머리를 자르고 나가면 가짜 양놈이라는 비아냥을 듣기 일쑤일 뿐만 아니라 학생들은 머리를 잘랐다고 학교에서 제적당하고 여학생은 입학도 못하는 답답한 현실이었다. 머리털 하나로 권력자는 민중을 억압하고 머리털 하나로 고초 받던 민중은 다른 민중에게 손가락질 하는, 서로에게 벌이는 이 어처구니없는 상황에 루쉰은 개탄한다. "조물주의 채찍이 중국의 등짝을 내리치지 않는 한, 중국은 영원히 이 모양 이 꼴일 거야. 스스로 머리털 하나도 바꾸려 하지 않을 테니 말야!"

조물주의 채찍에 등짝을 후려 맞아도 머리털 하나 스스로 바꾸지 않으려는 우매함. 권력자들의 우매함이 욕망에 가려진 사유의 부재라면 당시 민중들의 우매함은 목숨을 부지하기 위한 어쩔 수 없는 방편으로 보인다. 이래도 머리통을 잘리고 저래도 머리통을 잘리니 눈치만 늘 수밖에.

우리도 머리털 때문에 고초를 겪었다. 멀게는 개화기 때의 상투 잘리는 이야기부터 학창시절 두발 단속에 이르기까지 할 얘기라면 중국 못지않다. 예전에 고시생이거나 삼수생이던 동네 오빠가 갑자기 머리를 빡빡 깎고 나타나면 어른들은 음, 드디어 공부를 제대로 하려나 보군하며 매우 흡족해 했다. 머리털이 이토록 중요하다. 스스로 머리를 자르는 행위는 일종의 의식과 같다. 단순히 기분 전환을 위한 미용실 걸음에서부터 투철한 의지를 표명하는 결연한 삭발식까지 머리털은 또 다른 자기 자신의 의지의 표명이다. 시대에 부합하려는 혹은 부합하지 않으려는, 아니면 부합할 수밖에 없지만 그 사이로 삐져나오는 비시대성을 막을 수 없는 자기의 표현이 머리털이다.

루쉰 당시의 변발과 단발은 그저 머리털의 문제가 아니라 '국수' 와 '개혁'이라는 당대의 첨예한 문제와 결부되어 목숨이 왔다 갔다 하는 지경에 이르렀다. 그러나 개혁과 국수는 머리털의 길이와는 상 관없다. 단발이 개혁이 아니고 변발이 국수가 아니듯, 개혁과 국수는 머리털 모양에 있는 게 아니라 머릿속에 있다. 스스로 머리털 하나 바꾸지 못하는, 그래서 눈치가 부쩍 늘어난, 그래서 자신도 모르게 대 세를 따르고 있는 스스로에 대한 자각이 없으면 머리터럭 하나 변할 수 없다.

나의 슬기로워야 할 미용 생활

다시 딜레마에 빠졌다. 스스로 머리털 하나도 내 의지로 못하는 나의 욕망은 이러했다. 머리를 자르자니 그건 싫고, 안 자르자니 허영심이 니 욕망이니 하는 말을 들어야 하고. 그래서 얄팍한 속임수를 낸 게 앞머리 자르기였는데 그게 통할 리 없던 당시의 결말은 당신의 상상 에 맡겨 두겠다.

> 대략 4~5년 또는 7~8년 전이었을 것이다. 나는 회관에 혼자 앉아서 몰래 내 수염의 불행한 처지를 슬퍼하면서 그것이 비방을 받게 된 원인을 따져 보았다. 불현듯이 크게 깨닫게 되었는데, 그 화근은 오로지 양쪽 끝자락

에 있다는 것을 알게 되었다. 그리하여 거울과 가위를 꺼내 와서 당장에
평평하게 잘라서 위로 치켜지지도 않고 아래로 늘어뜨려지기도 어렵게
예서의 '한 일'—자 모양으로 만들었다.

- 『무덤』, 「수염이야기」, 그린비, 270쪽 인용

슬기로운 루쉰 선생. 이도 저도 귀찮아진 그는 수염을 한 일자로
자르면서 귀찮음에서 벗어났다. 문득 궁금하다. 예전, 머리를 빡빡 깎
아 공부 의지를 드러내던 그들은 어떻게 됐더라. 기억에 없는 걸 보니
아마도 그들이 원하는 결과는 아니었던 듯싶다. 머리와 화장을 포기
하면 글이 잘 써지고 공부가 잘 된다면 백번 그렇게 하겠다. 머리와
화장에 신경 쓰느라 공부가 안 된다면 머리를 자르고 화장을 지우면
된다. 머리와 화장을 해야 잘 된다면 그렇게 하면 된다. 핵심은 공부
에 집중하고자 하는 마음에 있지 머리와 화장에 있지 않다. 그저 각
자에 맞는 슬기로운 미용 생활을 각자가 알아서 할 일이다.

참, 덧붙이자면, 2년 전 다시 그 미용실 원장 이름을 들었다. 많이
슬기롭지 못했던 미용 생활을 즐기신 전 대통령 올림머리 전담 원장
이 바로 그녀였던 것. 아직도 포기 못한 나의 미용 생활을 위해 강남
모처 미용실로 돌아가긴 귀찮다. 머리털 하나 자르러 뭐 하러 먼 데
까지 그 돈을 들이고 간단 말인가. 이런 생각이 드는 걸 보니 분명 미
용에 있어서만큼은 조금 더 슬기로워진 게 분명하다. 좀 착잡한 마음
으로 기사를 보다가 또 이런 생각이 떠올랐다. 내가 미용실에 다니던
무렵 그렇게 예약하기 힘든 이유가 '거기' 가서 올림머리 해주느라
그래서 그랬나.

그 한여름 그 한겨울.
우리는 퀸의 노래를 연습하고 또 연습했다.
바깥은 연일 전쟁이었다. 하루도 빠짐없이
최루탄이 터지거나 누군가 죽거나 했다.
이런 시국에 한가롭게 노래나 부른다고 무수히
지탄도 받았다. 그래도 우리는 노래가 좋았고
퀸이 좋았다. 우리에게 퀸은 그런 존재였다.
그 후 30년의 시간이 지났다. 그리고 지난 주,
영화 '보헤미안 랩소디'를 보았다.

같잖은 글 같잖은 보헤미안 랩소디

가는 귀와 보헤미안 랩소디

언제부터인지 목소리가 커졌다. 물론 목소리가 큰 것은 어제 오늘 일이 아니다, 과거를 생각해보면 초등학교 때부터 목소리가 크고 또렷하다고 각종 발표를 도맡아 했다. 목소리가 크다는 것이 자랑스러울 것까지는 없었지만 장점 정도는 되다가 요 근래 들어 목소리가 큰 데 대한 타박을 자주 받곤 한다. 가는 귀가 먹은 것이다.

    내 가는 귀 먹음에 크게 일조한 것은 영국 그룹 퀸이다. 내가 단연코 이렇게 주장하는 데는 이유가 있다. 청소년 시절부터 대학 시절 내내 퀸의 노래를 하루 종일 헤드폰으로 꽝꽝 들었기 때문이다. 그 시절 나는 매일 밤 자리에 누워 헤드폰으로 울려 퍼지는 퀸의 신비로운 하모니를 경외하는 마음으로 들었다. 어떻게 이런 음들을 내지? 이런 궁금증은 대학에 들어가고 써클 선배의 녹음실에서 해소됐다. 한 사람이 여러 개의 음을 변주해서 녹음하고 그것을 덧씌우는 믹싱 작업이 환상적인 사운드를 만들어냈던 것이다.

    그 한여름 그 한겨울. 우리는 퀸의 노래를 연습하고 또 연습했다. 바깥은 연일 전쟁이었다. 하루도 빠짐없이 최루탄이 터지거나 누군가 죽거나 했다. 이런 시국에 한가롭게 노래나 부른다고 무수히 지탄도 받았다. 그래도 우리는 노래가 좋았고 퀸이 좋았다. 우리에게 퀸은 그런 존재였다. 그 후 30년의 시간이 지났다. 그리고 지난 주, 영화 보헤미안 랩소디를 보았다.

처세와 보헤미안 랩소디

뜻밖의 장소에서 보헤미안 랩소디 얘기를 들었다. 그곳의 평소 분위기로 봐서는 결코 음악 얘기를 하는 곳이 아니었다. 의외의 장소에서 나온 퀸 얘기에 나는 반갑기조차 한 마음으로 귀를 기울였다. 보헤미안 랩소디는 시끄럽고 정신 사납다는 촌평. 분명 그럴 수 있다. 사람이 얼마나 다양한 견해를 가진 존재인데. 보헤미안 랩소디에 대한 자신의 생각을 표명하는 것은 당연한 일이다. 정작 걸리는 것은 따로 있었다. 그 이야기를 듣는 공간 속 스무 명 남짓한 사람들이 짓고 있는 한결같은 포커페이스. 애석하게도 나 포함해서.

> 나의 처세는 가능한 한 최대로 물러서는 것입니다. 사람들이 간행물을 만들면 절대로 직접 투고하지 않습니다. 회의를 하면 나는 절대로 먼저 이야기를 하지 않습니다. 내가 꼭 이야기를 해야 한다고 하면 합니다만, 내가 하고 싶은 말을 마음대로 할 수 있어야 합니다. 그렇지 않으면 시체라고 생각하고 차라리 한마디도 하지 않는 게 낫습니다. 그런데 이곳에서는 꼭 내가 말을 해야 한다면서 내용은 또 반드시 교장의 뜻과 맞아야한다고 합니다. 내가 다른 사람도 아닌데 다른 사람의 뜻을 어떻게 알겠습니까? "뜻을 예측하고 따르는" 묘법도 배운 적이 없습니다.

- 『화개집속편의 속편』,「바다에서 보내는 편지」, 그린비, 496쪽 인용

루쉰은 샤먼 생활을 정리하고 광저우로 가는 바다 위에서 이 편지를 쓴다. 1926년, 북경여사대 사건과 3.18사건을 거치며 싸움과 도피를 전전하던 루쉰은 베이징 생활을 끝내고 샤먼대학으로 거처를 옮긴다. 샤먼에서의 4개월은 루쉰에게 분주하면서도 무료한 나날들이었다. 각종 마음에도 없는 행사와 윗선에 끼워 맞추기식 행정에 반발하던 그는 마침내 "귀신을 공경하되 이를 멀리하는" 식의 대우를 받고 도서관 이층 한쪽 방에 모셔진다.

학생들의 인적이 끊어진 후미진 도서관 건물 한쪽. 뒤로는 무덤 무더기, 앞에는 끝을 모를 밤바다다. 뒷방 늙은이가 된 루쉰을 모시기에 딱 적합한 곳이었다. 그는 무료하고 적막한 마음을 도서관 돌난간에 기대어 밤바다를 바라보며 지냈다. 이 글은 그 생활을 청산하며 쓴 마지막 글이다. 그것도 떠나는 배 위에서 떠올려 보는 자신이 해야 했던, 그러나 잘 하지 못했던, 그래서 하게 됐던 처세의 기술.

포커페이스를 비웃지 말라. 포커페이스는 "낡고 숱한 세상사를 겪고 난 후 터득한 진보의 산물이다." 도대체 보헤미안 랩소디를 싫어할 수 있다니, 이렇게 흥분하지 말자. 흥분의 포인트는 여기가 아니다. 문제는 보헤미안 랩소디를 싫어한다고 말하는 사람이 아니라 그 앞에서 아무 말이 안 나오는 무수히 많은 '나'다.

지금은 누군가를 경멸할 때가 아니다. 경멸은 물러날 데가 없는 곳까지 물러났을 때 하는 것이다. 그런데 물러날 때를 어떻게 알까. 끝까지 화를 참아보고 난 후에? '내 탓이오'를 수없이 외쳐봤을 때?

다 아니다. 그것은 어쩌면 돌연한 어떤 순간일지 모른다. 수많은 포커페이스들과 조우하는 한 순간. 그 속에서 내 모습을 발견하는 어느 한 순간의 돌연함이 물러날 데가 없는 때가 아닐까.

따름의 처세술

루쉰은 『화개집속편』을 쓰는 반년 간, 많은 눈물과 피를 보았고 그 눈물과 피가 말라가는 것도 보았다. 그는 많은 눈물과 피 앞에서도, 많은 눈물이 마르고 피가 없어져가는 순간 앞에서도 그저 '잡감'을 쓸 따름이다. 매일 물러날 데가 없는 때로 살았던 루쉰이 하는 최후 혹은 최소의 글쓰기 방식이 바로 '잡감'이다.

잡감은 같잖은 글, 글 같지 않은 글이다. 흔히 비웃는 표현으로 쓰이는 '같잖다'는 말은 같지 않다, 기존의 무엇과도 같지 않다는 뜻이다. 기존의 어떤 것과도 같지 않은 스타일, 누구도 흉내 낼 수 없는 자신만의 방식이 '같잖음'이다. 그러니 더욱 같잖은 글, 같잖은 생각, 같잖은 삶을 살아야 하는 거다.

당시 권력에 빌붙고 자신들의 입지만이 중요한 학계에서 같잖은 글이었던 루쉰의 잡감을 싸잡아 비난할 때 쓴 표현이 '마땅히 가야할 곳'이었다 마땅히 가야할 곳은 화장실용이나 불쏘시개감이라는 의미로 쓰인 것이다. 여기서 또 한 번 루쉰에게 한 수 배운다. 이름하여 따름의 처세술! 이건 시체 되기보다 더 유용한 처세가 될 것 같다. 무슨 말을 해도 이렇게 말하는 거다. 그저 잡감일 따름인데요. 왜 이런 글을 썼어? 그저 잡감을 쓴 건데요 뭐. 잡감마저 안 통하면 이렇게 말하면 된다. 그저 따름(而已)만이 있을 따름인데요.

이거 되게 유용한 처세 아닌가. 유용하면 바로 써먹자. 보헤미안 랩소디? 그게 대체 뭐라는 거야? Oh, mamma mia! 다만 음악일 따름인걸요.

글쓰기는 모기에 물린 것만큼에서 시작되고
진실해보이기 위한 어떤 장치도 필요하지 않다는
것. 타인에 대한 공감도 글쓰기의 시작도 내 몸의
아주 작은 감각으로부터 시작된다.
글을 쓸 때 이게 너무 작고 사소하게 느껴지면
그 땐 끝장이다.

모기에 물린 만큼만

요즘 읽고 있는 니체의 책에 위버멘쉬와 영원회귀 사상이 드디어 조금씩 나오고 있다. 사실 나는 니체의 팬을 자처하면서 그의 글을 사랑해왔다. 영원회귀란 지금 겪고 있는 이 일이 모조리 다시 똑같이 반복된다 해도 자신의 삶을 다시 한 번 더 살 수 있겠는가에 대한 질문이다. 지금 이대로의 삶에 대한 긍정을 묻는 것이라 할 수 있다.

물론 이것은 삶과 사건의 필연성을 긍정하는 문제이기에 결코 가볍지는 않다. 그러나 잘 생각해보니 확실히 수긍이 가는 점이 있어서 절로 고개를 끄덕이게 된다. 하지만 다음 순간, 세월호 참사로 아이를 잃은 부모들에게 이 질문을 던진다면, 아우슈비츠를 경험한 사람들에게도 역시 이 질문을 던진다면 어떻게 될까. 그래도 그들에게 사건의 필연성을 말하면서 니체가 삶을 긍정하라 그랬다고 말할 수 있을까.

이런 의문이 내 안에서 떠오르는 순간 입은 다물어지고 영원회귀는 저 멀리 날아간다. 나는 세월호의 부모나 아우슈비츠의 경험에서 우러나오는 고통을 짐작조차 할 수 없다. 아무리 공감하며 눈물을 흘린다 해도 그것은 엄밀히 어디까지나 남의 일이다. 타인과 공감하는 문제는 단순하지 않다. 공감으로 가기 위해 지난한 시간이 필요하다. 루쉰 역시 이런 시간이 필요했다.

무엇을 쓸 것인가

1927년 광저우에 있던 루쉰은 계속 이어지는 혁명을 위한 혹은 혁명에 의한 피의 희생 앞에서 어쩔 도리가 없었다. "무언가를 쓰고 싶었는데 쓸 수도 없었고, 쓸 도리도 없었다."는 루쉰의 말에 당시 루쉰이 느꼈을 답답함과 무력함이 느껴진다. 말의 허무함과 침묵의 충실함에 충실할 수밖에 없는 시간이 지나고 한참 후에야 무언가 느껴졌다. 모기가 물고 있구나. 루쉰은 모기에 물려 가려운 딱 그 만큼만 쓸 수 있다고 말했다. 내 몸에 일어난 일은 아무래도 절실하기 마련이고, 가려움을 못 참고 벅벅 긁어서 아픈 그 정도의 고통만큼이 고통의 무게인 것이다.

글을 쓴다는 것은 글이 가진 한계를 넘어서기 위해 쓰는 게 아니다. 글은, 글이 가진 한계로 인해 글이 될 수 있는 것이다. 피의 이야기를 먹으로 쓰는 것은 불가능하다. 하지만 먹의 한계에 기대서 쓸 수 있는 것은 기를 쓰고 쓰는 것. 이것이 글을 쓴다는 것이다. 문학은 쓸 수밖에 없기에 쓰는 것이고. 그래서 꼭 써야한다면 '작은 일'을 '제멋대로' 써야 한다.

루쉰의 말을 니체의 책읽기에 끌어와 보자. 니체의 긍정을 이해해보려 하는 일에 브레이크가 걸린 것은 남의 고통을 나의 고통으로 공감할 수 있는가의 문제에서였다. 이것은 긍정에 대한 나의 불충분한 인식 때문이다. 긍정은 이렇게 단박에 무엇을 긍정할 수 있는 게 아니다. 앞을 가로막고 있는 커다란 문제 앞에서 모기에 물린 만큼만 쓰면 되는 거였다. 타인의 슬픔에 공감하는 문제나 스스로 깊은 침묵에 빠져 아무 말도 안 나올 때, 루쉰의 모기를 기억하자. 세월호나 아우슈비츠, 당시 루쉰의 문제 역시 내 몸에 절실하게 와 닿은 고통에서부터 공감은 시작된다. 사건에 대한 인식과 그것의 긍정은 여기가 시작이다. 내 감각, 내 몸의 절실함에서 시작해야 다른 사유로의 확장도 가능하다.

어떻게 쓸 것인가

무엇을 쓸 것인가의 문제에서 '모기에 물린 만큼'이라는 해결책이 쥐어졌다. 이제 남은 것은 어떻게 쓸 것인가다. 사실 이것도 이미 답은 나왔다. 제멋대로 쓰라는 것. 제멋대로 쓰라는 말은 일면 자유롭지만 제멋대로 써본 일이 없는 우리에게는 당혹스러운 말이다. 루쉰은 이런 예를 들고 있다.

위다푸 선생은 『일기문학』이라는 평론에서 문학의 진실성을 가장 잘 드러내주는 것이 일기체이며 서간체라 했다. 그 이유는 문학가의 작품에는 아무래도 자신의 심리가 드러나기 때문에 독자는 환멸을 느낄 수 있으므로 일기나 서간체가 가장 진실성 있는 문학의 형식이라는 것이다. 이에 대한 루쉰의 반박. 어차피 문학 작품의 경우, 작가가 남을 빌려 자신의 이야기를 쓰거나 자신이 남을 추측하면서 쓰는 것일 수밖에 없다. 때문에 독자는 작품을 읽으면서 진실인지 아닌지 생각하지 않는다는 것. 그러므로 환멸 같은 건 생기지 않는다는 점.

제멋대로 쓴다는 걸 잘 모르겠다면 이렇게 생각해보면 된다. 우리가 글을 읽을 때 언제 환멸을 느끼는지, 이제 그걸 피해가면 된다. 환멸에 대한 두 가지 생각 중 첫 번째 "환멸의 비애란 거짓 때문에 일어나는 게 아니라 거짓을 진실로 여기는 데서 발생한다." 문학작품이 사실만을 쓰고 그것을 독자에게 사실이라고 믿게 만들고 싶은 나머지 무리해서 사실을 강조하면 사실이 무너지는 순간 그 진실성마저 무너지고 만다.

우리는 마술을 볼 때 그것이 사실이라고 생각하면서 보지 않는다. 아름다운 미녀가 통 속에 들어가서 몸 한가운데를 푹 찔리는 장면을 보고 가짜인줄 알면서도 진짜처럼 여기면서 몰입하는 것이지 눈앞에 벌어지는 것이 사실이라 믿으면 가만히 앉아서 구경할 수 없을 것이다. 만약 마술사가 더욱 사실인양 실감나게 하기 위해 미녀의 시체를 들고 나간다면 판타지는 홀랑 깨지고 마술은 마술의 진실성을 잃는다. 이것은 문학이라는 허구를 사실로 믿게 만드는 장치를 작가가 작품 속에서 하는 순간, 문학이 갖는 허구의 진실성마저 잃는 것과 마찬가지다.

이어지는 환멸에 대한 생각 두 번째. "환멸이란 거짓에서 진실을 발견하기 때문이 아니라, 진실에서 거짓을 발견하기 때문이다." 일기나 편지는 그 형식적인 면에서 진실처럼 느껴진다. 중요한 것은 진실이 아니라 진실처럼 느껴진다는 것에 있다. 일기나 편지의 형식으로 글을 쓴다는 것은 진실처럼 보이기 위한 장치라는 점에서 환멸이다. 왜냐하면 형식은 진실의 방식을 취하고 있지만 사실은 거짓이기 때문이다. 실제의 일기와 꾸며낸 일기체의 문학이 다르듯, 진실과 진실처럼 보이는 것은 다르다.

마술의 예는 마술사의 오버로 거짓에 진실을 억지로 집어넣을 때 발생하는 환멸이고, 일기나 서간체는 문학가가 진실에서 거짓을 발견하게 만들기에 환멸이다. 이래도 저래도 환멸이다. 그러니 형식 따위에 얽매이지 말고 제멋대로 쓸 것. 글에서 제일 중요한 진실성은 형식에 있지 않다. 문학은 사실을 추구하려다 진실을 잃게 만드는 것도, 형식으로 진실을 꾸밀 수 있는 것도 아니다.

글쓰기는 모기에 물린 것만큼에서 시작되고 진실해보이기 위한 어떤 장치도 필요하지 않다. 타인에 대한 공감도 글쓰기의 시작도 내 몸의 아주 작은 감각으로부터 시작된다. 글을 쓸 때 이게 너무 작고 사소하게 느껴지면 그 땐 끝장이다.

생각해보면 재능은 타고난 무엇이 아니라
매일 무언가를 할 수 있는 능력이다.
재능이 있어서 매일 하는 게 아니다.
매일 하는 것이 재능이다.

1² 되기

이번 생은 글렀어요

이 이야기는 쓸쓸하고 적막한 이야기가 될 것이다. 벌써 제목에서부터 체념과 회환의 기운이 서려있지 않은가 왜. 내가 다소 과장된 '글렀다'는 표현을 쓴 것은 이유가 있다.

무료와 환멸. 요 근래 내 상태다. 무료는 아내와 엄마 역할이 사라진 자리에 찾아왔다. 일종의 적적함이 울적함이 된 경우다. 환멸은 이런 저런 일로 인해 그간 믿어왔던 인간이라는 가치를 더 이상 기대할 수 없게 되어서다. 이렇게 된 원인은 있다. 하지만 몇 가지 원인을 가지고 관계에 대한 가치가 무너진 현재 내 상태에 대한 정확한 인식은 불가능하다. 그 불가능함을 전제로 오늘 할 얘기는 '적막'에 대해서다.

요즘 꽤 적적하고 적막하다. 그러니까 한마디로 허무하다. 더 이상 젊지 않다는 상실감과 글쓰기에 대한 재능도 애매하다는 체념으로 인해 현재, 시달리고 있다. 자꾸 이런 생각이 든다. 아, 이번 생은 글렀어요.

아무 쓸모없음

"이런 걸 베껴서 어디다 쓰려고?"
어느 날 밤, 그는 내가 베낀 옛 비문들을 넘기면서
의혹에 찬 눈길로 물었다.
"아무 소용도 없어."
"그럼 이게 무슨 의미가 있길래?"
"아무 의미도 없어."
- 『외침』, 「서문」, 그린비, 26쪽 인용

1916년 5월 6일의 루쉰도 이번 생은 글렀다고 생각했을까? 루쉰의 고향 샤오싱 출신의 베이징 학사로 사용된 샤오싱 회관에는 홰나무 한 그루가 있다. 오래 전 한 여인이 목을 매고 죽었다고 전해지는 홰나무 때문인지 사람이 드나들지 않아 음산한 기운마저 느껴지는 외딴 방 안, 루쉰이 무언가 쓰고 있다. 그를 찾아온 친구가 묻는다. "이런 걸 베껴서 어디다 쓰려고?" '이런 걸'의 이것은 아무 데도 쓸데없고, 아무 의미도 없는 비문(碑文) 베끼기였다.

베이징 교육부 2과 과장, 공무원 루쉰은 왜 비문 베끼기를 했을까. 이유는 간단하다. 그것 밖에 할 게 없었기 때문이다. 1912년 루쉰이 처음 베이징에 도착해서 첫 출근을 하던 날을 살펴보자. 그는 그날의 일기에 이렇게 쓰고 있다. "하루 종일 우두커니 앉아 있었다. 의지할 사람이 아무도 없다." 신해혁명 이후 전시 행정뿐인 공무원 생활과 뒤이은 위안스카이 폭정 속에서 루쉰이 선택한 "마비"와 "죽은 척"은 비문 베끼기였다. 그의 선택은 비문 베끼기였지만, 그가 선택하지 못했던 것은 7년이라는 긴 시간이었다.

무료와 환멸의 긴 터널을 지나는 방식으로 루쉰은 마비와 죽은 척을 택한다. 마비와 죽은 척은 아무 것도 되는 일이 없던 시기를 통과하는 루쉰만의 방식이었다. 비문(碑文)은 오래된 비석에 쓰인 고문인데, 워낙 옛 한자에다 그 양도 빽빽이 많아 루쉰같이 공부 좋아하고 할 일 없는 사람들에겐 시간 때우기로 안성맞춤이었다. 요즘으로 치면 만 피스짜리 퍼즐 맞추기랄까.

7년이라는 시간은 생각하기에 따라 길기도 하고 짧기도 하다. 인생 전체로 놓고 보면 7년은 길지 않은 듯 느껴진다. 하지만 당장 매일 무언가를 하는 시간으로서의 7년은 광장한 시간이다. 생각해보면 재능은 타고난 무엇이 아니라 매일 무언가를 할 수 있는 능력이다. 재능이 있어서 매일 하는 게 아니다. 매일 하는 것이 재능이다. 그런 면에서 루쉰은 훌륭한 능력자임에 분명하지만 재밌는 것은 그의 '매일'을 길어 올리는 원동력은 그를 곤란에 빠뜨린 '적막'이라는 사실이다.

적막과 일상

집안의 가세가 기운 15세부터 중년이 다 되어가는 이 날까지 되는 일 하나 없고, 아무리 이것저것 해보려고 몸부림쳐 봐도 '무플'인 상태는 "나날이 자라나 독사처럼 그의 영혼을 칭칭 감았다." 적막을 떨쳐내려는 루쉰의 "절망적 항전"이 비문 베끼기다. 아무짝에도 쓸데없고 아무 소용도 없는 짓. 무려 7년간의 비문 베끼기는 적막 때문에 가능했다. 사방이 가로막힌 적막 상태라 비문을 베꼈는데, 비문 베끼기는 루쉰의 일상이 되어버렸다.

알았다. 그걸 내가 하고 있고 하려 한다는 것을. 현재 내 상태를 진단하자면 일종의 폐허다. 뭔가 "지나갔고 지나가거나 지나가려" 하고 있다. 지나가는 것에 방점을 찍으면 모든 것이 허무하다. 지나가는 것들이 있다면 다가오는 것들도 있다. 다가오는 것들이 희망찬 일이 아닌 노년, 불안, 병, 죽음이라도 그렇다. 바로 그렇기에 우리는 이제 질문 앞에 섰다. 이런 것들 속에서 이런 것들과 함께 어떻게 살 것인가. 더 이상 젊지도 않고 더구나 아무짝에도 쓸모없는 '어중띤' 글을 써야하는데.

누가 불러주는 대로 신들린 듯 쓰는 천재가 아닌 이상, 앞으로도 어중띤 글을 계속 쥐어짜듯 써나갈 예정이다. 글의 운명은 실패가 예정되어 있다는 것이다. 아무리 잘 쓰려고 해도 생각과는 영 딴판이다. 내가 생각해서 글을 쓰는 게 아니라 문장이 문장을 끌고 나간다. 이미 실패의 글쓰기가 글의 운명인데 어중띠면 어떤가. 어중띤 글의 매력을 한껏 발휘해야지. 일상은 사소한 것 하나 붙잡고 가는 거다. 믿는 건 미래의 희망이 아니다. 한줌의 힘을 믿는다. 오늘 쓸 한줌의 글이 밀고 가는 힘으로 삶은 살아진다. 꼭 글이 아니어도 된다. 각자의 자리에서 매일 하고 있는 그것. 그것이 삶이다.

여행이나 다니라구?

세상에는 허무 탈출을 위한 수많은 방법이 있다. 여행, 산책, 종교, 취미생활 등등. 이 말은 하나는 알고 둘은 모르는 말이다. 이런 걸 할 수 있으면 이미 허무한 사람이 아니다. 뭐라도 좋다. 무기력한 와중에도 매일 놓지 않고 있는 그것 아니, 무기력하기에 할 수밖에 없게 된 그 무엇은. 어쩌면 글은 심심풀이 땅콩처럼 쓰는 것일지도 모르겠다.

무료와 환멸은 일상을 파괴하는 수동적 힘이다. 무료와 환멸의 수동적 힘은 어느 순간, 능동적 힘이 된다. 비결은 일상이다. 적막과 일상은 유기적으로 연결되어 있다. 적막이 전도되는 순간은 7년 동안 무엇을 거듭하는 과정에서 일어난다. 나는 그것을 헛된 희망이라 부르고 싶다. 목적이 있고 그 목적을 이루려고 무엇을 하는 게 아니라 하는 게 목적이 되는 삶. 1²에게 목적은 없다. 거듭하는 행위인 1²의 과정이 다다. 앞서 친구와의 대화로 루쉰은 글을 써볼 마음을 먹는다. 그래서 나온 것이 그의 첫 소설 『광인일기』다.

그의 나이 서른일곱. 옛날이니 적지 않은 나이다. 적막을 일상으로 살아내는 힘은 여기에 있다. 목적이 있어서 사는 삶이 아닌, 사는 게 목적인 것이다. 다행이다. 하마터면 진짜 쓸쓸하고 적막한 이야기로 끝날 뻔 했다.

사막 위에 선 채 바람에 휘날리는 모래와
구르는 돌을 바라보면서, 기쁘면 크게 웃고,
슬프면 크게 울부짖고, 화가 나면 마구 욕하고,
설사 모래와 자갈에 온몸이 거칠어지고,
머리가 깨져 피가 흐르며, 때로 자신의 엉킨 피를
어루만지면서 꽃무늬인 양 여길지라도,
중국의 문사들을 좇아 셰익스피어를 모시고
버터 바른 빵을 먹는 재미만 못하리라는
법은 없을 것이다.

버터 바른 빵이 되지 않기 위해

루쉰과 파레시아

수년 간 루쉰, 루쉰하고 다니니 주변에서 물었다. 루쉰이 왜 좋니? 그러게. 나는 루쉰이 왜 좋을까. 싸움과 복수, 무료와 환멸같이 남들이 잘 말하지 않는 진실하고 그렇기에 독한 소재들 때문에? 아니면 그럼에도 글 속에 숨은 풍자와 웃음을 잃지 않는 그의 글쓰기 태도 때문에? 둘 다 맞겠지만 한 마디로 말하면 문학과 문학 아닌 것 어디쯤에 위치한 루쉰의 글쓰기 때문이다.

앞의 말을 증명하려면, 우선 문학과 문학 아닌 것에 대한 정의를 내려야겠지만 지금 하고 싶은 얘기는 어떤 인상에 대해서다. 『화개집』이라는 책에는 이전의 글과는 다른 느낌이 있는데, 나는 그것을 '있는 그대로를 말하기'라 부르고 싶다. '있는 그대로를 말하기'라면 르뽀르타쥬나 팩트 체크를 떠올리기 쉽지만 루쉰의 글에는 이것 이외의 다른 무엇이 있다.

'파레시아', 말년의 푸코가 천착한 개념이다. 파레시아는 솔직하게 말하기, 있는 그대로를 말하기라는 뜻을 가진 고대 그리스 시대부터 전해오는 말하기의 기술이다. 각 시대마다 말하는 주체와 듣는 주체는 달라졌지만 있는 그대로를 말한다는 파레시아의 본질은 변하지 않았다. 있는 그대로를 말하기가 르뽀나 팩트 체크와 다른 점은 뭔가.

바로 '비판'에 있다. 파레시아의 기능인 비판은 단순히 솔직하게 말하기나 팩트 체크인 기록과 다르다. 여기에는 어떤 종류의 불편함이 있다. 그것은 『아Q정전』이나 『광인일기』를 읽을 때의 불편함과는 또 다른 종류의 불편함이었다.

이런 것을 지어야 할 때

> 내게 이런 단평을 짓지 말라고 권한 사람도 있다. 그 호의를 나는 매우 고맙게 여기고 있으며, 창작의 소중함을 모르는 바도 결코 아니다. 그러나 이런 것을 지어야 할 때라면, 아마 아무래도 이런 것을 지어야 할 것이다. 만약 예술의 궁전에 이렇게 번거로운 금령이 있다면, 차라리 들어가지 않는 게 낫다고 나는 생각한다. 사막 위에 선 채 바람에 휘날리는 모래와 구르는 돌을 바라보면서, 기쁘면 크게 웃고, 슬프면 크게 울부짖고, 화가 나면 마구 욕하고, 설사 모래와 자갈에 온몸이 거칠어지고, 머리가 깨져 피가 흐르며, 때로 자신의 엉킨 피를 어루만지면서 꽃무늬인 양 여길지라도, 중국의 문사들을 좇아 셰익스피어를 모시고 버터 바른 빵을 먹는 재미만 못하리라는 법은 없을 것이다.
>
> - 『화개집』, 「제기」 그린비, 25쪽

문제의 『화개집』의 서문 중 일부다. 루쉰에게 단평을 짓지 말라고 권한 사람들의 마음을 알 것 같다. 나 역시 루쉰의 이전 작품들인 『아Q 정전』이나 『고향』, 『죽음을 슬퍼하며』나 『고독자』와 같은 중단

편에 무척 매료되어 있었기에 처음 『화개집』을 읽었을 때의 생경함
이 아직도 생생하게 남아있다.

　루쉰은 자신의 글의 변화에 대해 "창작"이 아닌 것이라 말한다.
사람들이 그에게 단평을 짓지 말라고 한 것은 창작이 문학이고 단평
은 문학이 아니라는 생각 때문이다. 단평은 일종의 칼럼 같은 글이기
에, 문학적 창작과는 영 다르다고 생각했다. 루쉰은 이렇게 답한다.
아무래도 지금은 "이런 것을 지어야 할 때"이다. 문학이 아닌 단평을
써야 할 때라는 것이다. 문학 가지고는 안 된다는 것. 이러한 그의 생
각과 마음의 변화에는 중국의 변화된 현실이 반영되어 있었다.

　몇 차례의 혁명이 지나간 후, 적들이 사라졌다. 적들이 존재하지
않는 게 아니라 명확했던 적들의 존재가 모호해진 것이다. 누가 적이
고 누가 동지인지 알 수 없이 하루가 다르게 적들은 모습을 바꾸며
출현했다. 과거, 중국의 혁명을 위해 맞서 싸워야 하는 적들이 '제국',
'국수', '봉건'과 같은 이데올로기였다면 이제는 습속의 혁명이 필요
해졌다. 중국인들의 뼛속깊이 스며든 '제국', '전통', '봉건' 잔재의 청
산과 함께 혁명의 열매만을 따먹으려는 위정자들과 싸워야 했다. 과
거의 적들이 거대한 맹수였다면 이제 그들은 비둘기나 개와 같아졌
다. 비둘기와 개를 상대하려면 루쉰의 글도 달라질 수밖에 없었다. 그
래서다. 문학이 아닐 것, 단평일 것. 이게 지금은 이런 것을 지어야 할
때라고 그가 말한 이유다.

꼭 이렇게까지 해야만 했냐~~

루쉰이 『화개집』 이전에 단편 같은 것을 안 썼냐 하면 그렇지도 않다. 그는 이전에도 많은 단편을 썼다. 그런데 유독 『화개집』의 단편이 불편하게 느껴지는 이유는 이전의 문학과 형식이 달라서가 아니다. 「벽에 부딪힌 뒤」와 「결코 한담이 아니다」라는 글에는 북경여사대 사건을 둘러싼 양인위 교장과 교직원들의 행태 그리고 학생들의 대응 방식들이 세세하게 나온다. 북경여사대 교장 양인위가 사람들을 '가족 구성원' 운운하면서 학교를 아주 이상하게 운영한다는 것이다. 이것은 마치 시어머니가 며느리 구박하는 방식과 비슷하다. 유치하고 위선적인데다 강압적이기까지 해서 보이지 않는 벽에 부딪히는 느낌을 주는 것이었다. 그리고 이어지는 교육당국 종사자들과의 공방전. 각자 자신이 밀고 있는 주간 잡지를 통해 하루 루쉰이 쓰면 바로 다음 주 그들 중 누구 하나가 쓰는 식으로 요즘 SNS 댓글은 저리 가라 할 만큼 상황은 실시간 긴장감으로 넘쳐났다.

긴장감이 불쾌감이 되는 건 순식간이다. 이런 글을 계속 읽다보면 그 치졸함을 속속들이 보게 되고 급기야 더 이상 읽기가 싫어진다. 정치 기사가 나오면 빠르게 넘겨버리는 것과 비슷한 기분이다. 북경여사대 사건과 같은 중대한 현안만이 아니다. 루쉰은 『화개집』 전체의 글을 통해 당시의 일을 상세히 그야말로 구구절절 기술해놓는다. 꼭 상대에 대한 비판이 아니어도 별의별 말을 다 쓴다. 중국 책은 아예 읽지 말라는 글부터 주고받은 편지의 내용, 잡지와 신문을 내기 위한 두 사람의 견해 차이, 미루게 되는 결말까지 모든 과정이 그대로 드러난다.

이게 다 뭔가. 이쯤 되면, 차분히 생각 좀 해보게 된다. 루쉰이 이렇게까지 해야 했던 것에 대해. 문학 가지고는 안 되며 단평이어야 한다고 한 것에 대해. 문학은 장르상 한계가 있다. 『광인일기』와 『아Q정전』이 중국의 현실을 정확하게 표현한 건 분명하다. 하지만 문학은 수 천만 중국인의 얼굴을 상징화하는 작업이기에 그 상징성에 의해 탈락되는 부분들이 발생할 수밖에 없다. 루쉰은 바로 그 탈락에 주목했다. 현재의 중국이라는 현실 속 자칫 탈락되기 쉬운 사건의 기록이 『화개집』이다.

문학의 장치가 흐린 유리창이라면 단평은 현미경이다. 우물쭈물하고 있는 우리 앞에 루쉰은 현미경을 확 들이댄다. 그리고 차갑게, 그러나 애정 넘치게 눈 뜨고 보기 힘든 구구한 현실을 읽는 사람이 다 면구해지도록 세세하게 말한다. 숨을 데가 없다. 현미경의 시선 앞에서는 한 치의 오차도 없이 너와 내가 속속들이 드러난다. 여기서 느껴지는 불편함과 수치심의 증거가 바로 파레시아의 글쓰기, 있는 그대로를 쓴다는 것이다. 있는 그대로를 썼을 뿐인데 그 자체가 비판이 되는 지점이다.

뭐 세상이 꼭 그렇지는 않다고. 저것은 내 모습은 아니라고. 나는 뭔가 변명거리를 찾고 싶어 한마디 우겨본다. 이를테면, 영화 <해바라기>의 대사 같은 거. 꼭 이렇게까지 해야 속이 후련했냐~~~~

꼭 이렇게까지는 아니더라도

'예술의 궁전'에 사는 사람들에게 루쉰의 글은 문학이 아닐지도 모르겠다. 그러나 루쉰에게 문학이냐 아니냐는 중요하지 않다. 게다가 그에게 딱히 중국 개혁을 위한 투철한 소명의식이 있는 것 같지도 않다. 어쩌면 그는 당시의 현실을 초기작을 쓸 때보다 더 암울하게 바라본 것일지도 모르겠다. 단평을 쓰고 싶어서가 아니다. 단평이라는 장르가 루쉰에게 왔다. 단평을 추구한 것이 아니라 단평은 발견됐다. 루쉰 자신에게서나 중국 사회 전체의 조건 속에서. 그것이 문학이든 문학이 아니든 간에.

휴대폰만 켜면 온갖 기사로 넘쳐나는 세상에서 살고 있는 나는 어떤 글을 써야 할까. 한 가지는 분명하다. 내가 이런 것을 써야 할 때라면 아무래도 이런 것을 써야 할 때라는 것이다. 시시하든 말든 내 글은, 내 몸이 세계와 사건을 만나 반응하는 정직한 시그널 이상도 이하도 아니라는 확신 하나다. 꼭 루쉰만큼은 아니더라도 "스스로 모래바람 속에 엎치락뒤치락한 흔적"을 쓸 거라는 것. 물론 버터 바른 빵만큼 맛은 없겠지만.

비도덕이 아닌 이러한 '무도덕'은 극단의 정직함
이다. 용서할 마음도 없는데 죽는 순간이라고
갑자기 개과천선이라도 한 듯 굴어야 할 이유는
없다. 진정한 사과는 끝까지 용서받지 못 하고,
또 용서하지 않은 채로 살다 죽는 거다.

이런 엔딩

너는 너무 부정적이야

사물과 사람을 볼 때 좋은 점을 잘 보지 못한다. 보지 못 하는 것이 아니라 단점이 먼저 눈에 들어온다. 스케일이 큰 사람 축에는 못 드는 편이라 그럴 것이다. 이런 성질은 어떤 면에서 인문학 공부에 맞기도 하고 맞지 않기도 하다. 인문학 공부는 공부를 가르쳐주는 선생의 말이 절대적으로 느껴질 때도 많고, 텍스트를 씹어 먹을 정도로 사랑해야 책을 쓴 이의 의도를 알게 된다는 진심어린 조언 또한 많다. 아무튼 텍스트에 쓰인 주옥같은 말들을 믿는 마음과 믿지 못 하는 마음 사이에서 오락가락하며 어렵사리 공부해 왔다.

공부를 하다 보면 꼭 이런 생각이 든다. '부정'과 '부정적'인 것의 차이는 뭘까, 같은 식의 생각. 부정적인 것과 부정의 차이는 크다. 우선 부정적이라는 말은 비난에 가깝다. 이 말은 심성이 바르지 않다거나, 뭔가 사회 부적응자적 이미지를 떠오르게 한다. 반면, 부정은 합리적인 사유로 세상의 비합리나 부조리에 저항하는 느낌이다. 아무래도 부정적인 것에 비해 뭔가 번듯하고 대의적이다.

나는 니체와 루쉰의 부정이 부러웠다. 부정적이지 않고 부정할 수 있는 그들을 열심히 배워야지. 6년의 낮과 밤이 지나고, 이제 나는 더 이상 부정적이지 않고 부정할 수 있게 됐다고 믿고 싶었다. 그러나 이런 나의 믿음이 무너지는 건 순식간이었다. 4월 6일 오후 1시 경, 나는 한통의 문자를 받는다. 오래전 연락이 끊어진 S에게서 온 것이었다.

진심을 어떻게 알 수 있지?

고통은 소중한 것을 잃어본 사람이 만든 말일 것이다. 그만큼 상실은 고통스럽다. 그것이 한 때 친했던 사람일 경우는 더욱 그렇다. 인간은, 인간이라면 같은 인간에게 이러면 안 될 일을 수 없이 하고 산다. 이것이 인간의 피할 수 없는 어리석음이다. 역사를 돌아봐도 그렇고, 개인사의 측면에서도 그렇다. 이러한 인간 조건으로서의 어리석음은 누구나 예외 없는 것이라서, 아무리 나는 안 그래를 외쳐도 소용없다. 사건은 닥쳐오기 마련이다. 아무튼 수년 전, 우리는 상처를 주고 상처를 받았다. 친했기에. 그리고 예외 없이 어리석었기에.

　문제는 과거사가 아니라 지금 내 앞으로 와 있는 메시지의 내용이다. 메시지를 요약하면 이렇다. 1. 자기 생각이 짧았다. 2.미안하다. 3.잘 지내라. 이것은 뜬금없긴 하지만 명백한 사과의 메시지다. 이제 내 결정만 남았다. 답장을 할 것인가 말 것인가. 그러니까 사과를 받아들일 것인가 말 것인가.

　답장을 하는 것과 사과를 받아들이는 것은 다른 문제다. 답장의 유무는 사과의 여부와 관계 없다. 답장을 해도 사과를 받아들이지 않을 수 있고, 사과를 받아들여도 답장을 하지 않을 수 있다. 답장에

대해 이리저리 드는 생각 끝에 살짝 열 받는 것은 마지막 인사 부분
이다. 1, 2번은 전형적인 사과의 내용이니 그렇다 치고 3번이 주요
포인트다. 상대방의 심리 상태를 들여다볼 순 없으니 확신할 수 없으
나, 메시지를 보낸 상대는 답장을 원하지 않는다. 잘 지내라는 끝맺음
의 인사말에 대한 해석으로 갑자기 머릿속이 분주하다.

　　답장을 망설이는 데는 이 말의 진심에 대한 의구심 때문이다. 진
심을 다하면 느낌으로 안다. 때로는 말보다 느낌이 더 정확한 경우
가 있다. 그러나 진심이 느껴지면 용서하겠다는 말은 용서하지 않겠
다는 말과 같다. 진심은 상대방이 보여주는 것이 아니라, 내가 그것을
진심이라고 믿는 것이다. 그렇기에 언제나 상대방의 진심은 파악 불
가능한 것이었다. 어쨌든 팩트는, 진심이든 진심이 아니든 너를 용서
하지 않겠다가 나의 진실이라는 것이다.

사람은 죽을 때 착해진다는데

　　'용서하지 않음'에 대한 짜릿한 예가 있다. 루쉰의 말을 들어보자.
다만 열이 많이 났을 때 유럽 사람들이 치른다는 의식을 떠올린 기억은
있다. 남에게 용서를 빌고 자기도 용서를 한다는 것이다. 나는 적이 많은
데, 내게 신식 사람이 묻는다면 뭐라고 답할까? 잠시 생각해 보았다. 결론
은 이렇다. 나를 미워하라고 해라. 나 역시 한 사람도 용서하지 않겠다.
『차개정잡문 말편』, 「죽음」, 그린비, 776쪽 인용

용서에 대한 통념은 루쉰에게로 와서 본질적인 곤경에 빠진다. 루쉰의 적들 중 일부는 한 때 뜻을 같이 한 동료이자 친구였다. 그러던 것이 각자의 사상 차이나 입장 차이에 따라 정계와 학계로, 아니면 자연스럽고 그래서 쓸쓸하게 멀어져 갔다. 어제까지 동료였다가 오늘은 신문이나 잡지에 글로 공방전을 벌이게 되는 일이 잦아지면서 친구는 적이 되어갔다.

적과 원수는 다르다. 원수는 친구가 아닌 경우가 있지만, 적은 원래 친구였다. 서로 친한 사이가 아니었다면 애초에 적도 될 수 없다. 위의 글을 쓰고 루쉰은 한 달 후 죽음을 맞이한다. 죽음을 앞두고 루쉰은 자신의 사랑스러운 적들에게 마지막으로 하게 될 미덕을 여지없이 드러낸다. "나를 미워하라고 해라. 나 역시 한 사람도 용서하지 않겠다." 이게 마지막 순간에 대한 루쉰의 미덕이다. 이러한 태도가 미덕이 될 수 있는 이유는, 이것이 '무도덕'이기 때문이다.

세상에는 인간이라면 마땅히 그러리라 짐작되는 일들이 얼마나 많은가. 여기서 '인간이라면 마땅히'가 도덕이다. 용서를 하고 용서를 받는 아름다운 엔딩은 인간이라면 마땅히 그래야 하는 도덕의 영역에 들어간다. 도덕이 아닌 것인 비도덕은 도덕의 반대편에 있다. 비도덕은, 도덕/비도덕으로 분류할 수 있으니 아직 도덕의 영역에 있다고 할 수 있다. 그러나 무도덕은 도덕/비도덕의 지평을 벗어난다. 무도덕은 도덕의 저편에 있다.

비도덕이 아닌 이러한 '무도덕'은 극단의 정직함이다. 용서할 마음도 없는데 죽는 순간이라고 갑자기 개과천선이라도 한 듯 굴어야 할 이유는 없다. 진정한 사과는 끝까지 용서받지 못 하고, 또 용서하지 않은 채로 살다 죽는 거다. 그러니 우리, 도덕적인 사과의 인사는 저쪽으로 치워두기로 하자. 서로에게 '용서하지 않음'의 무도덕으로 인해 좋은 사람이 될 가능성을 열어두는 걸로! 좋은 사람은 도덕적인 사람이 아니라 무도덕이어야 할 때 무도덕한 사람이다. 이러한 냉정한 현실 인식이 루쉰의 부정이다. '부정적'이 '부정'이 되는 지점이 여기다.

여전히 부정적인 나는 루쉰의 부정을 차용하여 답장을 하지 않았다. 더 이상 상처가 쑤시지 않고 은근 재미지기까지 하다. 사람은 나이 들면 착해진다는데 나는? 이런 생각으로 하루를 아낌없이 낭비했다.

인생은 참혹하다. 마지막 순간까지도 뭘 어떻게
할지, 뭐가 어떻게 될지 모르는 것으로 끝나기에.
하지만 이런 엔딩에는 아름다운 위선이 아닌,
참혹하지만 진실한 죽음의 윤리가 있다.
우리가 감각하는 보통의 죽음과는 다른 방식으로
맞이하는 죽음에 대한 자신 만의 윤리.

죽는 것은 처음이라

죽음들

죽음에 대한 말을 하는 것은 경박하다. 왜냐하면 죽음은 너무도 무거운 주제이기 때문이다. 죽음을 무겁게 생각하게 되는 몇 가지 감정은, 죽음으로 인한 두려움과 슬픔이다. 내가 없어진다는 것에 대한 두려움과 남이 없어진다는 것에 대한 슬픔, 이 두 가지를 감당하기 힘들기에 죽음은 그토록 입에 올리기 어려운 말일 것이다. 그럼에도 죽음에 대한 몇 마디 말을 남기고 싶은 것은 죽음을 좀 다르게 생각해보고 싶어서다.

대학교 때, 친구의 남동생이 교통사고로 죽었다. 우리가 2학년이었으니 연년생인 동생은 스무 살이었겠다. 비통한 표정으로 친구의 집을 들어서는 순간, 어안이 벙벙해졌다. 파티를 하고 있었던 것. 그렇다. 장례식이 아니라, 장례파티다. 곡소리 대신 생전의 동생이 좋아하던 팝음악이 흘러나오고 동생 친구들이 상주인 어머니와 내 친구와 조용하지만 가볍게 이야기를 나누는 모습은 충격적이었다. 우리를 맞이한 친구 어머니는 눈물을 글썽이면서도 이렇게 말했다. 우리 둘째 아들이 좋아하던 음악과 음식이니 많이 먹으라며, 슬퍼하는 건 둘째 아들이 원하지 않는 것이라며.

40대의 내가 보게 된 어느 다큐멘터리의 한 장면. 80세 정도의 이탈리아 노인이었는데 그는 생의 마지막 파티를 하고 있는 중이었다. 화면 속의 그는 가족과 친구들과 함께 신나게 파티를 하고 마지막 담배 하나를 맛나게 피운 후, 주사를 맞고 안락사를 했더랬다.

중년이 된 나는 전보다 부쩍 죽음에 가까워졌다. 하지만 죽음에 대한 앞의 두 번의 경험을 할 때보다 더 죽음에 무감각해졌다. 뉴스나 책에 나오는 무수한 죽음들 앞에서 무감각해지는 것은 그것이 남일이라 그렇다. 죽음이 내 일이라면 어떻게든 살려고 수없이 변절하고 온갖 명약들을 다 찾아다닐 거다. 이토록 소중한 나의 죽음. 이렇게 말하는 일은 고통스럽다. 아무리 관계의 중요성을 강조해도 너의 죽음이 나의 죽음보다 털끝 하나 중요하지 않다. 나의 죽음에 대한 감각을 다르게 하지 않으면 남의 죽음에 대한 감각도 영원히 달라지지 않는다. 바로 그렇기에 이것은 무감각에 대한 문제 제기다.

죽는 것은 처음이라

1. 상을 치를 때, 누구에게서건 돈 한 푼 받지 말라. -다만 친한 벗의 것은 예외다.
2. 나를 잊고 제 일을 돌보라. -그러지 않는다면 진짜 바보다.
3. 아이가 자라서 재능이 없으면 작은 일로 생계를 꾸리도록 하라. 절대로 허울뿐인 문학가-예술가 노릇은 하지 말라.
4. 남의 이빨과 눈을 망가뜨려 놓고서 보복에 반대하고 관용을 주장하는 사람과는 절대로 가까이 하지 말라.

자기 죽음을 맞이한 루쉰의 유언장의 일부다. 그러나 실제로 이런 유언장은 존재하지 않는다. 이것은 그가 죽는다는 의사의 선고를 받고 집에 돌아와 누워 생각해본 상상의 유언장에 불과하다. 문제는 이 유언장의 실재 여부가 아니라 이것이 우리에게 주는 울림이다. 이 유언장은 흥미롭다. 따스하고 또 차갑기 때문이다. 혁명가이자 문학가 이전에 사랑하는 어린 아들과 아내를 두고 떠나야 하는 가장의 현실적인 걱정들인 돈 문제, 아이의 장래 문제 같이 자신이 죽은 뒤 아무쪼록 잘 살아가길 바라는 루쉰의 마음이 절절하게 느껴지기에 마음 한 쪽 구석이 뜨거워진다.

진짜 흥미로운 것은 이러한 따스함 너머에 있는 자기 죽음에 대한 차가움이다. 이러한 차가움은 유쾌하기까지 하다. 유언장 그 어디에도 죽음에 대한 비장함이 없다. 평생을 혁명과 글쓰기를 통해 자신과 중국을 생각했던 사람이 하는 말이 고작 이런 것이다. 나는 이렇게 죽으니 후대가 나머지를 도모해달라는 둥, 아이는 뜻을 받들어 중국의 기둥이 되라는 둥, 모든 사람들과 화합하며 사이좋게 지내라는 식의 우리가 상상하는 죽기 전의 흔한 언사들이 그에게는 없다.

이 글의 마지막은 덤덤하다 못해 무색하다. 열 말이 필요 없다.

하지만 이런 의식은 없었다. 유언장도 쓰지 않았다. 말없이 누워 있었을 뿐이다. 때론 훨씬 절박한 생각이 들었다. 이렇게 죽는 거구나. 고통스럽지는 않았다. 하지만 죽는 순간에는 다를지도 모른다. 그러나 살아서 한 번뿐이니 어떻게든 견뎌내겠지…나중에 좀 호전되었다. 지금에 이르러 나는, 이런 것들은 아마, 정말 죽기 직전의 상황은 아닐 것이다. 정말 죽을

때에는 이런 상념도 없을 것이라 생각한다. 하지만, 도대체 어떠할까는,
나도 모른다.

- 『차개정잡문 말편』, 「죽음」, 그린비, 776쪽 인용

루쉰도 모르고 우리도 모르고 아무도 모른다. 죽음 직전에 죽음
이 어떤 모습으로 올까는. 아직 죽지 않은 지금 이 순간에 할 수 있는
일은 누워서 자질구레한 일을 생각할 뿐이다. 유언장도 썼다가, 누군
가를 죽어도 용서하지 않았다가, 살아서 한 번뿐이니 어떻게든 견딜
것이라 생각하다가, 죽는 것은 처음이라 도대체 어떨지는 나도 모르
는 것으로 끝나는.

하지만 이런 엔딩

인생은 참혹하다. 마지막 순간까지도 뭘 어떻게 할지 뭐가 어떻게 될
지 모르는 것으로 끝나기에. 하지만 이런 엔딩에는 아름다운 위선이
아닌, 참혹하지만 진실한 죽음의 윤리가 있다. 우리가 감각하는 보통
의 죽음과는 다른 방식으로 맞이하는 죽음에 대한 자신 만의 윤리.
그것은 죽음의 통념을 넘어 죽음을 다르게 감각하는 것이다. 죽음을
다르게 감각한다는 것은 죽음 앞에서 느끼는 두려움과 슬픔의 정서
를 무시하는 게 아니다. 죽음을 두려움과 슬픔으로만 감각하지 않는
것이다.

우리는 이렇게 루쉰의 마지막을 통해 다시 생각해본다. 그때는

이해할 수 없었던 친구 어머니의 장례파티, 안락사한 이탈리아인의 경우와 같은 죽음의 윤리적 행위들에 대해. 자식의 죽음, 나의 죽음, 나아가 남의 죽음까지 생각하게 만드는 죽음에 대한 그들 각각의 다른 감각들에 대해. 이것은 인간에 대한 다른 감각에서 시작된다. 나의 죽음 앞에서 두렵고 남의 죽음 앞에서 슬픈 정서 너머에 있는 유기체로서의 인간을 보는 시선. 이것이 루쉰의 인간인 '생물학적 인간'이다. 생물학적 인간의 요지는 인간은 어떻게든 살아가야 한다는 것이다. 이 말을 바꿔보면 인간은 어떻게든 죽는다는 것과 같다.

우리가 흔히 생각하는 도덕적이고 아름다운 마지막은 '인간'이라는 진리에서 비롯된다. 모름지기 인간의 죽음에 대한 아름다운 통념은 죽음마저도 인간적인 죽음이라는 것을 끈질기게 욕망하는 것이다. 이것은 죽음이 아니라 아름다운 죽음이라는 인간적인 삶을 끈질기게 욕망하는 것과 같다. 인간이라는 고귀한 통념은 비장하고 순수한 죽음에 대한 표상으로 인간을 마지막까지 시달리게 만든다. 분하다. 죽는 순간까지 '인간'이라는 진리를 놓지 못 하고 죽는다면 아니, 놓지 못하고 산다면.

자신을 생물학적 인간으로 보는 자는 뜨거움과 차가움을 동시에 담고 있는 몸을 가진 존재라는 사실을 망각하지 않는다. 정서라는 감정과 신체라는 물질이 구현되는 장소로서의 몸의 생명과 그것의 죽음. 생물학적 인간의 죽음은 이런 것이다. 죽음을 무감각하게 겪는 게 아니라 다른 감각으로 겪는 것이다. 우리의 통념을 벗어나는 루쉰의 죽음 앞의 태도에서 우리가 읽는 것은 삶과 죽음 그리고 인간에 대한 이런 차가움이다. 동시에 이런 뜨거움이다.

시시하고 하찮은 이 모든 것들이야말로 삶이야.
고작해야 자신의 방. 누구에게나 자신의 방은
아무렇지도 않은 장소다. 잠이 들기 전 되는대로
읽던 몇 권의 책, 겨우내 덮어서 내 몸과 같아진
이불, 낮이고 밤이고 쳐놓은 커튼의 무게까지
그저 그런 낡은 일상과 같은 방.

옆에 있는 것들

이것도 삶이야

1930년대 상하이. 어느 여름 날 루쉰은 밤중에 잠에서 깨어나 이렇게 말했다. "살아야겠소. 무슨 말인지 알겠소? 이것도 삶이야. 주변을 둘러보고 싶소." 그가 둘러봐야겠다는 주변은 다름 아닌, 늘 잠이 들고 잠이 깨는 곳 그리고 지금은 아파 누워있는 자신의 방이다.

고작해야 자신의 방. 누구에게나 자신의 방은 아무렇지도 않은 장소다. 잠이 들기 전 되는대로 읽던 몇 권의 책, 겨우내 덮어서 내 몸과 같아진 이불, 낮이고 밤이고 쳐놓은 커튼의 무게까지 그저 그런 낡은 일상과 같은 방. 평소 아무렇지도 않은 이 방이 의미를 갖게 되는 때는 특수한 경우다. 이를테면 비상 상황 같은 때. 뭔가 야시꾸리한 일이 이루어지거나 아니면 아플 때 같은. 루쉰은 지금 아프다. 오랜 지병인 폐병으로 인해 1936년 이 무렵 몇 번을 앓다 회복하다 그랬다. 그런 그가 혼곤한 잠에 빠졌다 문득 깨어나 이렇게 말하는 것이다. 살아야겠소. 이것도 삶이야.

위중한 병은 유사 죽음의 경험이다. 이것이 죽음 경험이기에 눈을 뜨는 순간 살아야겠다는 욕망이 솟아오르고, 아프지만 아직 죽지 않은 지금의 이것 역시 삶이라는 사실이 제 모습을 드러낸다. 루쉰을 살고 싶게 만드는 것은 인간으로서의 생명 작용이겠지만 그 생명을 유지시키게 하는 것은 의외로 이런 거다. 삶의 생생한 한 조각들 같은, 이런 거.

> 낯익은 벽. 그 벽의 모서리, 낯익은 책 더미, 그 언저리의 장정을 하지 않은 화집, 바깥에서 진행되는 밤, 끝없는 먼 곳, 수없이 많은 사람들, 모두 나와 관련이 있었다. 나는 존재하고, 살아있으며, 앞으로도 살아갈 것이다. 나는 처음으로 나 자신을 더욱 절실하게 느꼈다.
> - 『차개정잡문 말편』, 「이것도 삶이다」, 그린비, 761쪽 인용

이런 게 절실하다. 절실하게 느낀다는 것 자체를 느껴본 적이 언제 적 일인지. 생각해보면 오래도록 살아온 자신의 삶의 방식이란 게 침대와 책, 몇 가지의 옷들, 몸으로 살아오지 못 했던 많은 시간들의 집적에 불과하다는 걸 최근에야 알게 됐다. 그와 동시에. 느끼지 못하는 것은 나에 대한 것뿐만이 아니라는 것 역시 알게 됐다.

전사와 수박

이 이야기를 하자. 시시하고 하찮은 모든 것들이야말로 삶인 이 이야기는 몸의 일이다. 몸은 불가피하다. 어떤 경우라도 배고프면 먹어야 하고 똥 오줌을 배설해야 한다. 인간의 의지로 배고픔이나 똥을 어쩔 수 없다. 어쩔 수 없는 건 어쩔 수 없다는 걸 몸은 온몸으로 말하고 있다.

루쉰은 이걸 이렇게 말한다. 제 아무리 천하를 호령하는 영웅도 밥을 먹고 잠을 자야한다. 비분강개하고 격앙된 사상을 피력하는 유명인사도 집에 가서 아내와 애들하고 노닥거리기 마련이다. 잠을 자지 않고 밤새 나라 걱정하는 영웅, 애들하고 노닥거리지 않는 유명인사가 있다고 말해진다면, 그것은 그들에게 잠을 자고 애들하고 노닥거리는 이런 시간들이 있기 때문이다. 수박 하나를 먹을 때조차 국토가 분단되어 있음을 상기하라고 가르치는 사람을 경계하라. 그는 몸을 도외시하는 사람이고 삶을 경시하는 사람이다.

> 전사라고 수박을 먹을 때, 먹으면서 생각을 하는 의식을 치를까? 내 보기에, 그러지는 않을 것이다. 그는 아마, 목마르다, 먹어야겠다, 맛이 좋다고 생각할 뿐, 그 밖의 그럴싸한 이치는 떠올리지 않을 것이다. 수박을 먹고 기운을 내서 싸운다면 혀가 타고 목구멍이 마른 때와는 다를 것이니 수박이 항전과 전혀 무관하지는 않을 것이지만, 어떤 방식으로 생각하라고 상하이에서 설정한 전략과는 관계가 없다. 그런 식으로 온종일 얼굴 찡그린 채 먹고 마신다면 얼마 안 가 식욕을 잃을 것이니, 적에겐들 어찌 맞설 수 있겠는가.
> - 『차개정잡문 말편』, 「이것도 삶이다」, 그린비, 763쪽 인용

수박 하나를 먹는데도 전사처럼 먹어야 된다고 말하는 사람이 있다. 그들이 말하는 전사처럼 수박 먹는 법의 매뉴얼에 대해 상상해 봤다. 첫째, 수박을 쪼갤 때 분단된 조국의 현실을 생각할 것. 둘째, 이 수박을 먹고 기운내서 서양 열강들과 침략자 일본과 열심히

싸우는 데 일조해야 한다고 생각할 것. 셋째, 수박을 또 먹고 싶다는 생각은 개인적 욕심이니 자나 깨나 나라 사랑만 생각할 것 따위가 아닐까.

이것을 수박 대신 인문학 공부로 바꿔도 마찬가지다. 매순간 전 사처럼 공부해야 한다면? 수박은 소화가 좀 안 될 뿐이지만 공부에 체하면 약도 없다. 이렇게 되면 비상 상황이다. 사랑하는 사람의 눈을 들여다보는 일도 그들과 손 한번 잡아보는 일도 불가능하다. 이런 상태가 비상 상황이라는 것을 알면 그나마 다행이다. 만약 이 상황을 감지하지 못하면, 책을 읽느라 주변에 대한 감각은 무시된다. 우리에 게 낡고 소중하며 시시한 일상이 있었다는 사실을 망각하게 된 불감증의 몸.

전사가 수박을 먹는다. 사람인 전사가 수박 먹는 법은 단지 목이 마르다, 먹어야겠다, 맛이 좋다고 생각할 뿐, 전사처럼 먹어야 한다는 강박으로 먹을 필요는 없는 것이다. 삶을 딱딱하게 만들고 몸의 감각을 무시하는 모든 이론과 사상은 거짓이다. 먹고 싸는 육체와 대면하지 않는 인간주의가 과연 존재할 수 있을까. 공부를 하든 노동을 하든 우리는 몸을 가진 인간이다. 몸이 조건인 인간이 공부하는 법은 외부에 따로 있지 않다. 책을 몸으로 읽는다는 것은 남들의 해석이나 법칙이 아닌, 내 몸에서 느껴지는 작고 절실한 무엇을 감각하고 느끼는 일이다. 그것은 이제까지 내 옆에 있던 익숙한 '나'에 대한 다른 감각이자 내 옆에 있는 '너'와 '그'를 감각하게 되는 일이다.

내 안과 내 옆의 모든 '낯익은 벽'들을 생생하게 느낄 수 없게 되었다는 게 내 문제였다. 생생하게 느낄 수 없게 된 것은 어쩔 수 없는 일이다. 이렇게 된 것에 갱년기든 심리적인 것이든, 이유를 어디에 갖다 대든 몸이 달라졌다는 사실은 어쩔 수 없다. 하지만 비관은 이르다. 나의 무감각에 대한 문제 제기를 다른 감각에 대한 가능성으로 바꿔보자. 그러면 역설적이게도 이전과 달라진 몸, 잘 못 느끼게 된 이 몸을 자각하게 되며 느껴지는 다른 것들이 있다.

몸은 건강이나 양생을 뜻하지 않는다. 인간은 단지 정신으로만 이루어져 있지 않다는 것. 이걸 안다는 것은 고담준론의 인간을 벗기고 살아있는 인간을 보게 만든다. 뿐만 아니라, 과거에서부터 현재까지 내 몸에 가해지는 규범과 질서를 감각하고, 그 모든 전제로부터의 해방을 뜻한다.

몸의 감각이 달라지면 절실하게 못 느끼는 게 아니라, 이전과 다른 것을 절실하게 느낀다. 내 옆에서 벌어지는 자질구레한 일상의 확장 같은 거. 이를테면. 유사 죽음 당시의 루쉰처럼. 그것은 일종의 '탈인간'이자 '다른 인간'의 탄생이다. 지금 밖에서 나와 무관하게 진행되는 밤과 나와 무관한 머나먼 장소들, 내가 알고 있고 혹은 알 수도 없는 사람들 역시 나의 삶을 구성하고 있다는 것을 몸이 감각했음을. 그리고는 마침내 이렇게 소리치게 되는 것이다. 이 무관계하고 시시하고 하찮은 모든 것들이야말로 삶이야.

일기라는 형식의 그 시시콜콜함 속에 숨어 있는
깊숙하고 날카로운 잠재성을 상상해보는 일은
즐겁다. 누군가에게는 분명 자기 욕을 하고
있는 것 같은데 시시하기에 대놓고 말하기도
애매한 기분을 주면서 루쉰은 쓴다.

시시콜콜한 이야기

말 위에서 쓰다

루쉰이 일기를 썼다. 보통 일기는 하루를 기억하고 기록하기 위해서지만 이번에는 잡지에 투고할 요량으로 썼다. 남에게 보이기 위한 일기를? 원래 일기는 혼자 보려고 쓰는 거 아니었나? 그러고 보니 제목도 이상하다. 원제가 「마상 일기(馬上日記)」라 되어있다. 말 위에서 쓰는 일기라니.

내용은 더 이상하다. 불과 몇 달 전, 『화개집』에서 북경여사대 사건으로 천시잉 교수와 싸울 때와는 딴판이다. 음식이야기, 위장병 때문에 약 타러 갔을 때 생긴 일, 아껴먹고 있는 곶감사탕이나 집안일을 봐주는 아줌마와의 신경전, 밀린 월급 타기 등에 관한 이야기들이 주를 이룬다. 원래 일기란 이런 사소한 이야기를 쓰는 일이라서 사실 이상한 것도 아니다. 그런데.

약국에서 생긴 일

「마상 일기」는 계속된다. 이번에는 약국 이야기다. 그날의 약국 풍경은 이랬다. 계산대에 외국인 하나, 나머지는 멋지게 차려입은 중국인

67

청년들. 이들은 미래의 고등화인(高等華人)이다. 고등화인은 하층민과 상반되는 식자층이자 상류계층을 일컫는 말이다. 매꼼한 차림새의 이들은 은근슬쩍 약값을 속인다. 상대가 모르는 줄 알고 무시하는 거다. 이들을 보는 것만으로 하층민이 된 기분이라고 루쉰은 말했다.

고등화인만 이상한가 하면 그것도 아니다. 약값을 실랑이하는 루쉰과 약국 점원을 보고 있던 손님으로 온 사내 또한 이상하긴 마찬가지다. 사내는 루쉰의 약을 아편 끊는 약이라 굳게 믿는다. 아무리 루쉰이 아니라 해도 막무가내다. 급기야는 점원에게 재차 확인까지 한다. "이거 아편 끊는 약 맞지요?"

왜 이런 글을.... 여기까지 별 감흥을 못 느끼면서 모종의 의문을 누르고 자세히 읽어봤다. 장면들이 수면 위로 떠오른다. 이것은 글이라기보다는 한 편의 영화다. 단편 영화의 컷들을 모아놓으면 이런 풍경이 될 것 같다. 루쉰이 집을 나서고 친구를 만나러 갔다가 허탕치고 어느 건널목을 건너고 이런 약국에 들어가고. 그 다음 이런 사람들이 등장하는 것이다. 루쉰의 동선이 주제가 아니라, 한 장면 한 장면이 사실 그대로 찍혀진 느낌이다.

'음'이라는 말

"저거 아편 끊는 약입니까?" "아닙니다!" 점원이 나를 대신해서 명예를 지켜주었다. "이거 아편 끊는 약입니까?" 그는 결국 나에게 직접 물어봤다. 만약 이 약을 '아편 끊는 약'이라고 인정하지 않으면 그는 죽어도 눈

을 못 감을 것 같은 느낌이었다. 나는 고개를 흔드는 듯 마는 듯하면서
'이래도 좋고 저대로 좋은' 답을 내놓았다. "음, 음....."
- 『화개집속편』, 「즉흥일기 속편」, 그린비, 421쪽 인용

루쉰은 일기 형식으로 약국에서 생긴 일을 사실 그대로 써 놓았다. 영화의 한 장면이나 사진 한 컷같은 이 일기에 관념적 언어나 서사가 끼어들 여지는 없다. 하지만 ,사실 그대로만 써 놓은 걸로는 뭔가 부족하다. 약국에서 생긴 일이 정말 '일'이 되려면 사건성이 필요하다. 그런 의미에서 나는 '음'에 주목한다.

"음, 음...." 이것은 음성이 아니라 말이다. 음성과 말의 차이는 뉘앙스에 있다. '음'에 어떤 의미가 실려 있기에 말이다. 이것은 약국 점원과 사내 양방향 모두를 향하고 있지만, 약국 점원과 사내 너머에서 출현한다. 이 말은 '약값을 속이면 안돼요.'라든가 '사람 말을 못 믿다니 어리석군.'같은 말과는 다른 길을 간다. 고등화인이라 불리는 상류층의 약삭빠름과 자기가 믿고 있는 것과 다르면 죽어도 눈을 못 감을 하층민의 우매함 모두를 향한 언어가 '음'이다. 이것은 사람들 속에서 힘 빼지 않으면서 그들을 무시하지도 않는, 사람과 사물을 대하는 루쉰의 독특한 방식으로 보인다.

루쉰은 '음'을 이래도 좋고 저래도 좋은 답이라 했다. 여기서 '이래도 좋고 저래도 좋은' 것에 주의하자. 그는 회색이나 중용을 말하는 게 아니다. 회색이나 중용은 기회 봐서 자신에게 유리한 쪽으로 붙으려는 포지셔닝이다. 그에 반해, 루쉰의 태도는 정확히 비판이다. 비판이지만 대상을 향한 직접적인 비판의 말과는 다른 방식의 비판이다,

'음'을 사건으로 보는 이유는 비판의 기능과 더불어 그것의 다의성 때문이다. 약값을 속이려는 점원과 우매한 사내 모두를 향한 중층적 의미가 '음' 안에서 기능하고 있다. 중층적이고 다의적인 것은 구체적인 것과도 일맥상통한다, 단편 영화의 일상적 스틸 컷들 속에 숨겨진 어떤 디테일을 찾아내는 것이 영화를 보는 묘미라면, 루쉰의 일기가 바로 그렇다. 이런 에피소드를 굳이 씀으로 해서 이 말을 들어야 할 구체적 대상이 있다. 이 글이 투고될 잡지를 예의주시하고 있는 사람들이다.

이들은 1925년부터 북경여사대 사건으로 계속 싸워오고 있는 사람들인데, 대부분이 교육당국 관계자들이다. 흥미롭게도 사건으로서의 '음'이 가지는 효과는 듣는 상대방으로 하여금 진의를 모호하게 만들기 쉬운 말이라는 것이다. 이 말만 듣고는 긍정인지 부정인지 알아차리기 어렵다. 루쉰은 일기로 '멕이는' 글을 쓴 것이다.

그는 약국에서 돌아와 이런 글을 쓴다. '음'의 방식으로. 문학과 공리를 들먹이며 사람들을 탄압하는 도구로 사용하는 그들을 향해. 『화개집』을 처음 쓰던 1925년에서 26년으로 시간은 지나갔다. 그러나 해는 바뀌었지만 달라진 것은 없어서 책이름이 여전히 『화개집』이다. 여전히 같은 문제와 싸워야 한다는 뜻이다. 책은 제목을 붙이고 서문을 완성하여 세상에 내보내면 끝나겠지만, 끝나지 않는 싸움과 같은 책 『화개집속편』과 같은 일들은 얼마나 더 화개집속편의 속편 또 그 속편의 속편으로 이어질지.

말 위에서도 쓰다

글을 쓰는 도중에 알게 됐는데, 마상(馬上)이라는 말은 '즉흥적'이라는 말이란다. 그래서 제목도 「즉흥일기」다. 원제의 마상(馬上)이라는 말이 재밌어서 내 멋대로 풀어보자면 말 위에서 쓰는 일기란 말 위에서도 쓰는 일기다. 말이 전투를 위한 것이라면 혹시 「마상 일기」는 전투 중에 쓰는 글이 아닐까. 전투 중에는 말 위에서 먹고 말 위에서 잔다. 싸움이 일상이 된 루쉰이 쓰는 글. 그래서 이 글은 소재의 측면에서 즉흥적이고 내용의 측면에서 의도적이다.

일기라는 형식의 그 시시콜콜함 속에 숨어 있는 깊숙하고 날카로운 잠재성을 상상해보는 일은 즐겁다. 누군가에게는 분명 자기 욕을 하고 있는 것 같은데 시시하기에 대놓고 말하기도 애매한 기분을 주면서 루쉰은 쓴다. 영문도 모르는 채 이러저러한 일들이 무심히 왔다가 또 지나가고, 어쩐지 하는 일마다 조금씩 어긋난 어느 날의 일상을 그는, 쓴다. 꽤 오래 일상을 잊고 있었다. 너무 큰 것만 좇느라. 이런! 반성은 재미없는데.

단절할 경력조차 없는 전업주부는 페미니즘이니
뭐니 하는 세상에서 또 한 번 밀려난다.
죽어라 힘만 들고 경력에 들어갈 수 없는 밥,
살림, 육아는. 아, 감 잡았다.
문제는 돈, 돈을 못 벌기 때문이다.

49275

결혼한 여자들은 왜 혼자 우는가? 이런 생각을 해본 적이 있다. 사실 결혼한 여자들만 혼자 우는 건 아닐 텐데. 왜 유독 결혼한 여자들만 혼자 운다고 생각했을까. 그건 결혼한 여자들에겐 가족이 있기 때문이다. 속상할 때 아이들과 남편이 있는 집에서 울 수 없으니 보는 사람이 없는 공간이 필요했고 그런 공간에 최적화된 곳이 차였다.

차라도 있으니 다행이었다. 남편과 싸움을 하거나 다른 문제로 속상해서 집을 나왔을 때, 갈 데가 없다는 게 제일 난감했다. 더구나 그게 자정이 다가오는 한 밤중일 때는 정말 대책 없었다. 그러던 것이 한두 번 경험이 쌓이다 보니 저절로 방법이 생겼다. 바로 24시간 마트 행. 그것은 구세주 같았다. 24시간 사우나도 있었지만 사우나를 싫어하는 사람에게 대형마트는 시원한 데다 과일과 채소가 산더미같이 쌓여 있는 것만 봐도 기분 좋아지게 하는 것이었다. 언제부턴가는 대형마트를 가기 위해 싸움을 걸 건수 없나 은근히 기다리기까지 했다.

전업주부

여러 가지 힘든 점도 많았지만 전업주부 생활은 할 만 했다. 독박 육아도 집안 살림도 그러려니 했다. 가끔씩 회원가입을 할 때나 입국

명세서 같은 걸 쓸 때 직업란 앞에서 주춤거리긴 했지만 곧 무시했다. 한 번씩 무력감이 밀려올 때는 비디오를 열 개씩 빌려다 보고 책을 산더미같이 쌓아놓고 읽어치우면서. 그러다 그걸로 안 되는 날이 왔다.

세미나라는 걸 하러 갔다. 처음 세미나에 가던 날 제일 고역이던 것이 자기소개 시간이었다. 도대체 나를 누구라고 소개해야 하나. 애들 학부모 모임이면 누구 엄마라고, 남편과 관계있는 모임이면 누구 아내라고 소개하면 되지만 이제 그럴 일도 별로 없어진 지금 오롯이 나를 설명하는 일은 어렵다. 시간이 지나 루쉰 세미나면 루쉰을 좋아라하며 공부하고 있다고, 푸코 세미나면 푸코에 요즘 재미 들려 있다고 소개하기 시작하면서 자기소개의 고통에서 놓여났다. 그러나 이런 질문이 싹 사라지진 않는다.

나는 전업주부다. 이 말을 뜯어보면 허점투성이다. 일단 '나'부터 걸린다. 나라니 어떤 나를 말하는가. 이전부터 존재해오고 있는 실체인 '나'는 하나가 아니다. 누군가의 딸, 누군가의 엄마와 아내 이외에 내가 속해 있는 크고 작은 모임마다 '나'는 다른 모습을 하고 출현한다. 쇼핑을 좋아하는, 철학을 공부하는, 하루 종일 게임을 하는, 또는 하루 종일 누워 먹을 것 타령만 하는 이 모든 것의 총합이 '나'다. 철학을 공부한다면서 쇼핑은 왜? 철학적 삶을 살아도 모자랄 판에 종일 누워 게임이라니? 이런 핀잔에도 불구하고 불길한 본질. 이게 '나'다. 그러니 내가 있는 게 아니라 어떤 '나'만 있다.

전업주부라는 말은 자본주의의 산물이다. 산업 역군이 된 남편을 위해 아내는 전업으로 집에서 아이 키우고 살림하는 구조에서 발생한 명칭이다. 나에게 전업주부란 좀 다른 의미다. 전적으로 살림을 하는 사람이 아니라 '집에 있는 사람'이다. 집에 있는 사람이기에 핀잔도 자주 들었다. '하루 종일 집에 있으면서 뭐해?' '돈 벌러 다니는 것도 아닌데 뭐가 힘들다고 그래? 직장 다니면서 살림하는 사람도 있는데.' 이런 말은 자주 입을 막았다. 이런 말 앞에서는 피곤하다는 말도 힘들다는 말도 사치였다. 종종 듣다보니 전업주부는 힘들다는 말을 하면 안 되는, 정말 상팔자인 사람인가보다 하는 생각도 들기 시작했다.

이런 말은 어디에나 돌아다닌다. 쇼핑을 하러 갔다가 택시를 타게 되면 유독 택시 기사들의 푸대접을 받았다. 쇼핑백을 흘끗 보며 대놓고 팔자 좋다고 말하는 사람도 있었다. 요즘은 젠더 의식이 생겨서 옛날 말이라고 추억하고 싶지만 불과 며칠 전에도 있었던 일이다. 도대체 뭐가 어디서부터 잘못된 건지 영문을 몰라 분했다.

이것은 비단 특정인만의 문제는 아니었다. 세미나에서, 거리에서, 이웃에게서, 가족에게서, 전업주부 저 스스로도 '생계유지하려고 아등바등하는 사람에 비하면'이라는 말만 나오면 입을 다물어야 했다. 쓸데없이 돌아다니지 않고 살림과 아이 교육, 재테크까지 모든 업을 완벽하게 해 내는 게 전업주부다. 그렇더라도 긴 시간 동안 간간히 드는 의심을 누르며 전업주부라는 정체성을 받아들여 온 지금, 나는 왜 허둥거리는 걸까.

전업주부도 직업이라고 자부하려면 노동에 대한 정당한 보수가 있어야 한다. 실제 돈 한 푼 들어오지 않는데 주부로서 당당함을 가지라는 말은 허무하기 짝이 없다. 이것은 직장에서 사명감만 가지고 무보수로 일하라는 말과 같다. 이제 이런 전업주부의 비애마저도 사라지기 직전이다. 요즘은 경력단절이 화두인 듯하다. 단절할 경력이라도 없으면 입도 뻥끗 못하는 분위기다. 단절할 경력조차 없는 전업주부는 페미니즘이니 뭐니 하는 세상에서 또 한 번 밀려난다. 죽어라 힘만 들고 경력에 들어갈 수 없는 밥, 살림, 육아는. 아, 감 잡았다. 문제는 돈, 돈을 못 벌기 때문이다.

돈지갑과 노라

1923년 12월 26일 베이징여자고등사범학교 문예회에 초청된 강사 루쉰의 노라를 들어보자.

> 노라는 떠난 후 어떻게 되었을까요? … 그러나 떠난 이후에 때에 따라서는 타락하거나 돌아오지 않을 수 없을 것입니다. 그렇지 않으면 곧 이런 질문을 할 수 있습니다. 그녀는 각성한 마음 이외에 무엇을 가지고 떠났는가? 직설적으로 말하자면 바로 돈이 있어야 합니다. 꿈이 좋습니다. 그렇지 않으면 돈이 중요한 것입니다.
> - 『무덤』, 「노라는 떠난 후 어떻게 되었는가?」. 그린비, 246쪽 인용

루쉰은 여성 문제와 돈의 연관성을 생각해보게 한다. 19세기 후반 입센의 희곡 『인형의 집』이 발표되자 많은 여성들은 환호했다. 여성이라고 하는 정체성에 대한 질문을 입센이 하고 있기 때문이다. 우

리나라에서도 페미니즘이 본격적으로 나오기 이전부터 이 책은 화제였다. 어찌된 영문인지 동화책으로도 발간됐는데, 그것은 어린 나를 적잖이 어리둥절하게 만들었다. 노라라는 여자가 집을 나가? 왜? 라는 궁금증은 그 당시 나에게 영구미제로 남아 있었다.

노라의 가출이 자신의 자유와 독립을 위해서라는 데 전적으로 동의 할 순 없지만, 노라가 집을 나간 이유를 '자아 찾기' 쯤이라고 해두자. 관건은 노라의 가출 동기가 아니라 가출 이후다. 전업주부로서의 정체성에 대한 회의를 느낀 노라는 집을 나간다. 집을 나왔지만 뭘해서 먹고 살지 막막하다. 가출 이후에 대한 준비는 생전 해본 적이 없다. 할 수 있는 일이라면 죽 해왔던 살림살이인데, 『인형의 집』출간 당시 19세기부터 21세기인 현재까지 주부가 직업을 구하는 일은 여전히 제한적이다. 집을 나간 이후의 길은 두 가지다. 타락하거나 돌아오거나.

노라의 각성은 훌륭하다. 그러나 그녀의 각성이 빛을 보려면 가출 이후에 대한 준비가 필요하다. 이에 대한 루쉰의 현실적인 조언. 돈지갑을 챙겨라! 이 강의를 듣고 있는 이들은 앞날이 창창한 여자사범대생들이다. 1923년 당시 중국에서 사범학교를, 그것도 여성이 다닌다는 것은 대단한 일이었다. 전통과 보수의 편견을 넘어 신지식인으로서의 출발을 앞둔 그들에게 자신의 이상을 실현하는 일은 무엇보다 중요한 문제였다. 이들에게 중요한 것은 장래의 꿈과 희망으로서의 직업이라고 생각하기 쉽다. 보통 이들을 위한 강의 준비를 한다면 그런 내용일 것이다. 그런데 루쉰은 이렇게 말한다. 돈지갑을 챙겨라.

이상이 꿈이라면 돈지갑은 현실이다. 당시 중국 신여성의 이상은 무엇보다 자신들의 자유와 독립 아니었을까. 이상을 좇는 것은 아름답다. 꿈이 있는 인간은 아름답지만 그 아름다운 꿈의 실현을 위해서는 현실에 대한 인식이 무엇보다 중요하다. 각성한 마음만 가지고는 안 된다. 노라의 예에서 보듯, 한 때의 열정과 결기만으로 감행하는 자유와 독립은 타락해서 비참해지거나 돌아오면 전과 똑같이 반복되는 삶이 있을 뿐이다. 중국에서 그것도 여성이 지식인이 됐다는 자부심에 들떠 이상만 좇다가는 상처받기 쉽다는 걸 루쉰은 알고 있었다. 뼈 때리는 그의 메시지는 애정으로 가득하다. 그대들, 중국의 신여성들은 이상에 빠져 죽거나 상처받는 일 없이 부디 준비를 단단히 하시오.

백 년 전 루쉰의 조언은 현재에도 여전히 유효하다. 그의 조언이 여전히 유효하다는 것은 여성문제 역시 여전하다는 걸 의미한다. 여성에게 참정권이 주어진지 백 년이 지났다. 그동안의 노력으로 많은 변화가 있었으나 여성의 경제권은 그다지 변하지 않았다. 그렇게 원한다니 정치 참여는 하게 해줄게. 대신 돈은 안 돼. 이게 정치 경제를 주무르는 주류들의 논리다. 자본이 전부인 사회에서 경제권인 돈을 요구하는 일은 어렵다. 참정권은 고상하고 여성해방은 거대한 이데올로기니 마음껏 왈가왈부 할 수 있지만 돈은 안 된다. 왜냐하면 돈은 여성들에게 자유와 독립을 실현할 수 있게 만드는 유일한 현실적 준비이기 때문이다.

1923년 서구열강들의 각축장이 되어버린 혼란의 중국을 살아가는 여학생들에게 루쉰은 뻔한 말 따위 하지 않는다. 이들이 살아가야 할 미래는 새로운 노라들의 출현일 테니까. 노라의 돈지갑은 자본을 축적해서 불안한 미래를 대비하라는 말이 아니라, 꿈에서 깨어나더라도 좌절하지 않고 살아가기 위한 현실적인 방안에 대한 모색이기 때문이다.

글이 돈이 될 수 있을까

현실적인 방안에 대한 모색은 나 역시 해 본 적이 없다. 가정이라는 꿈에서 깨어났는데 길이 없는 상황이 제일 황망하다. 뭘 하면 좋을지 몰라 헤매다 운 좋게도 공부가 눈에 들어왔다. 운이 좋은지 나쁜지, 팔자가 좋아서 공부나 하러 다닌다는 소리를 종종 듣는다. 팔자가 좋다는 게 생계유지를 위한 돈벌이가 필요하지 않은 것을 의미한다면 일정 정도 사실이다. 그러나 이런 말을 들을 때마다 공부에 대한 조롱이자 나에 대한 조롱처럼 들리는 것도 사실이다.

이 말에는 약간의 저의가 있다. 공부는 돈 벌 필요가 없는 사람들이 하는 것이라는 생각과 공부는 돈이 되지 않으니 쓸데없는 것이라는 생각이 숨어있다. 만약 돈 안 되는 글쓰기를 업으로 삼는다면, 노라의 '돈지갑'에 비유될 나의 '글'은 현실적인 방안이 될 수 있을까. 글이 돈이 될 수 있을까.

공부하고 그것을 잘 풀어 글을 쓴다. 이것이 나의 이상이라면, 나의 현실은 그것의 결과에 대한 질문이다. 그거 해서 뭐할 거냐는 질문은 늘 머쓱하다. 나는 이 질문 앞에서 글로 책을 만들고 게다가 돈도 되면 좋지 하고 막연하게 생각해 왔다. 이 말 역시 주저하게 되는 이유는 전업주부를 생각하는 방식과 비슷하다. 전업주부의 당당하지 못함은 그것이 돈이 안 되기 때문이고, 죄책감은 전업주부의 노동이 엄마와 아내의 '신성한' 역할을 돈으로 환산할 때 드는 속된 기분 때문이듯, 글 역시 돈과 연관되면 안 된다는 생각이 은연중에 있기 때문이다.

글쓰기에 돈 얘기를 하는 것이 천박하게 느껴진 적도 있었다. 글쓰기는 돈과 상관없는 순수한 무엇이라고 생각했다. 돈 필요 없고 그저 순수하게 좋아서 하는 글쓰기라는 주장은 루쉰의 노라를 만나 여지없이 깨졌다. '순수한' 전업주부에 휘둘렸는데 또 '순수한' 글쓰기에 휘둘리다니. 순수하게 좋아서 하는 글쓰기는 돈이 되면 안 되나? 글쓰기에 큰 의미 같은 건 없다. 다른 온갖 취미 중 그나마 내가 가장 질려하지 않고 오래하고 있는 것이 글쓰기일 뿐이다. 내가 쓴 글이 책이 되고 돈이 되면 더 재미지겠지.

지금까지 직업란에 '전업주부'나 '작가'라고 당당하게 못 쓴 이유가 그것으로 돈을 못 벌고 책을 못 냈기에 그렇다면 돈이 되고 책이 되게 하자. 중요한 것은 네이밍이 아니라 나의 정체성은 밥하는 사람이자 글 쓰는 사람이라는 것이다. 밥하고 글 쓰는 행위를 하는 사람으로 사는 것. 그것을 계속 재미있게 하기 위해 최소한의 물질로서의 책과 돈이 필요하다.

49275는 매일 4시간 노동에 5만원을 27년간 계산한 값이다. 그렇다면 이런 글 하나는 얼마짜리일까. 노라의 준비가 돈지갑이라면 나의 준비는 글 무더기? 글이 무더기가 되려면 글 많이 써야하는데.

글쓰기를 통한 자아 찾기 대신 이렇게 하자. 하루 몇 시간은 글을 쓰고 나머지 20시간은 게임도 하고 쇼핑도 하고 먹기도 하고 누워있기도 하면서. 이렇게 주욱.

자신의 바람대로 렌수는 아무도
울어주는 이 없는 죽음을 맞이했다.
누구도 진심으로 그를
위해 울어주지 않았다.
고독자의 운명은 죽을 수밖에 없지만
그의 죽음은 더 이상 눈물로
기억되지 않는다.
렌수의 울음은 렌수에게서 끝난다.

잊어달라니, 렌수

똑똑한 사람을 보는 일은 즐겁다. 뭐 하나 명쾌하지 않은 세상에서 저리도 똑 부러지게 자기 생각을 말 할 수 있다니. 확실한 글을 쓰는 이는 부럽다. 이렇다고 쓰려니 저렇다가 걸려서 주저하지 않을 수 있다니. 잊어달라고 말하는 사람은 아프다. 잊어달라는 말은 말하는 당사자가 아닌, 이 말을 들을 상대방을 위한 것이기에. 나에겐 렌수가 그렇다.

죽음이 좋은 일이 되는 사람이 있다. 현세에서 살아봤자 별 볼일 없는 자의 죽음은 살아 있는 자들에게 어떤 영향도 끼치지 못 한다. 이런 죽음의 주인공은 평범한 일상에서 걸리적거리는 성가신 존재들이다. 살아 있는 자들은 죽은 자들로 인해 자신의 삶이 훼손되기를 바라지 않는다.

소설 「고독자」에서 렌수는 "사람이 죽은 뒤에 한 사람도 그를 위해 울어주는 이가 없도록 하는 일은 쉬운 일이 아니"라고 말한다. 보통은 죽은 뒤 자신을 위해 울어주고 기억해주길 바라기 마련인데, 그는 아무도 자신을 기억해주지 않고 자신의 죽음에 울어주지 않기를 바라는 듯하다. 렌수는 자신을 도와주려 애써 준 선페이에게 편지에 이렇게 쓴다. 나를 잊어주시오. 나는 지금 이미 '좋아졌으니' 말이오.

편지의 내용과 달리 그는 그리 좋아 보이지 않는다. 홀로 죽음을 맞이했으며, 울어주는 이도 문상객도 없는 장례식은 쓸쓸하기만 하다. 그가 입고 있는 구겨지고 피 묻은 셔츠는 그의 죽음이 편안하지 않았음을 말해주고 있다. 이상한 것은 죽은 렌수의 표정이 숨을 쉬듯 편안하다는 것이다. 결국 자신의 바람대로 되어서일까. 도대체 렌수는 어떤 삶을 살았을까?

아, 위선은 이제 그만

마을 사람들이 볼 때 렌수는 분명 이상한 부류였다. 그들은 렌수를 일러 '우리들과 다르다'고 했다. 렌수의 다름은 그 마을에서 보기 드물게 배운 사람이라는 것과 결혼도 안 하고 할머니와 단둘이 살고 있다는 것이다. 이것 말고도 여러 이유가 있지만 그 중 가장 괴상한 건 할머니의 장례식에서 보인 렌수의 급작스런 눈물이다. 할머니의 시신이 입관될 동안 눈물 한 방울 흘리지 않던 그가 갑자기 상처 입은 이리처럼 울부짖었다. 그의 갑작스런 눈물은 돌아가신 할머니만을 위한 것은 아니었다. "스스로 고독을 만들어서 그것을 씹어 삼켜 온 사람의 일생"을 애도하는 눈물이었다. 자신이 할머니와 피를 나누지는 않았지만 세상에는 이런 종류의 사람들이 있고, 자신 역시 할머니와 같은 운명을 가졌다고 생각했다.

그런 렌수에게 선페이는 이런 말을 한다. 당신 스스로가 만든 고독 속에서 나올 필요가 있어요. 세상을 좀 밝게 볼 필요가 있어요. 우리가 고독자들에게 흔히 하는 실수다. 너의 고독은 네가 만든 거야. 좀 긍정적으로 생각 해. 우리에게 렌수가 되묻는다. 내가 만들었다는 고독, 그런 고독은 어디서 오는 겁니까. 도대체 뭐가 긍정인가요.

고독자에게 계보가 있다면 렌수의 할머니가 1세대다. 할아버지의 두 번째 부인으로 들어와 소박당하고 평생을 삯바느질로 살며 렌수를 키웠던 할머니의 삶. 사람들은 그런 할머니의 운명을 수군거렸다. 평생 한 동네에 살면서 할머니를 멸시했던 사람들은 할머니의 장례식에 와서 슬픈 얼굴을 하고 울었다. 살아있을 때는 멸시하고 죽으니 울어주는 사람들의 가식을 렌수는 차갑게 비웃는다. 그리고 터져 나오는 그의 울음.

허식도 부정하고 누구의 시선도 상관하지 않는 렌수의 울음 안에는 말이 되지 못한 수많은 말이 담겨있다. 언어화되지 못한 다양한 감정을 하나의 소리로 표현할 수밖에 없는 그의 외로움은 당연하다. 왜냐하면 그것은 사람의 말이 아니라 짐승의 울음이기 때문이다. 어떤 사람들에게 이해받을 수 없는. 어떤 사람들을 이해하기 싫은. 사회가 요구하는 것이 허식일지라도 그것을 거부하면 우리와 다른 사람, 외부자가 된다. 렌수는 고독자 계보의 2세대다. 렌수의 고독은 스스로 고독을 선택했다는 점에서 1세대인 할머니의 고독과 같지만 차이는 위선에 대응하는 그의 위악이다.

아, 위악도 이제 그만

"그런데 그가 이때 귀를 기울여 뭔가를 듣고는 곧 땅콩을 한 움큼 쥐고 나가 버리는 것이었다. 문밖에서는 다량 등의 웃음소리가 들렸다. 하지만

그가 나가자 아이들의 웃음소리는 그쳤는데 모두 가버린 것 같았다. 그는 또 다시 그림자처럼 풀죽은 모습으로 돌아와서 쥐고 갔던 땅콩을 종이 포장지에 내려놓았다. "이젠 내가 주는 것은 먹으려고 하지 않아." 그는 나지막한 소리로 자조하듯 말했다.

- 『루쉰전집』 2. 「고독자」. 그린비. 326쪽 인용

고독자라는 사람들은 태생적으로 고독을 좋아할 거라고 생각하기 쉽다. 그러나 그런 사람은 없다. 롄수 역시 사람과 얘기하는 것을 좋아하고 애들을 예뻐하며 주인 할머니를 공경한다. 그가 고독자가 되는 것은 '고독'으로 밖에는 달리 다른 방법이 없기 때문이다.

롄수가 실직하자 사람들의 태도는 변한다. 항상 뭔가 토론하고 책을 읽으며 이마를 찌푸리고 담배를 피워대던 사람들도, 툭 하면 싸우고 과자를 사달라고 조르던 주인집 다량 같은 아이들도 더 이상 그를 찾지 않는다. 가난이 극에 달아 책을 팔아서 연명하다 못해 일자리를 알아봐 달라는 부탁을 선페이에게 할 때까지 형편은 말이 아니게 됐다.

"이삼십 원이라도 괜찮은데, 나는...나는...나는 아직 좀 더 살아야 하니까..." 아쉬운 소리를 할 정도로 곤궁해져 예전의 침착함까지도 잃어갈 때 쯤 롄수는 군부대의 고문으로 자리를 얻었다. 혁명은 좌절되고 엎친 데 덮친 격으로 자신을 믿어주던 마지막 한 사람까지 반대편에 의해 살해되자 '신당'이었던 그는 이제 변절자가 되었다.

별 볼일 없던 사람이 출세하자 사람들은 다시 그를 찾아왔다. 이제 거실에는 "새로운 손님, 새로운 선물, 새로운 찬사, 새로운 아부,

새로운 절과 인사, 새로운 마작과 연회"가 넘쳐났다. 쌀쌀맞던 다량의 할머니도 그의 결혼을 걱정해주는 다정한 사람이 됐고, 아이들도 다시 찾아와 떠들고 놀았다. 그런데 렌수는 이상해졌다. 주인 할머니인 다량 할머니의 증언을 들어보자.

> 아시겠지만 웨이 대인이 운이 트이고 나서부터 사람이 예전과 달라졌어요. 전에는 나보고 벙어리처럼 노부인이라고 불렸던 거 알지요? 그런데 나중에는 '늙은 할멈'이라고 불렸어요. 사람들이 그에게 약초를 보냈지만 그는 먹지 않고 마당에 내던져 버리고는…아이들이 뭘 사달라고 하면 개 짖는 소리를 내라든가 머리가 땅에 닿도록 절을 하라든가 하면서…그는 저축할 생각은 안 하고 돈을 물처럼 썼어요. 물건을 사더라도 오늘 산 것을 내일 죄다 팔아버리거나 부숴 버리니 정말 무슨 영문인지 알 수가 없었어요. 그는 터무니없는 일만 하면서 실속 있는 일이라곤 조금도 하려고 하지 않았어요.
>
> - 같은 책, 340쪽 인용

세상 살기를 포기한 사람처럼 변해버린 렌수의 위악은 당혹스럽기만 하다. 먹고 살기 어려워지고 자신을 믿어주던 마지막 한 사람이 살해되자, 그는 자신이 믿었던 모든 가치를 버리고 증오해왔던 것들을 받아들인다. 그럼으로 완전히 실패한 자가 된다. 새로운 손님과 새로운 선물로 북적이던 마작과 연회가 끝난 밤이면 그는 혼자서 각혈을 하고 경멸과 혐오로 잠 못 들었다. 그리고 어느 날 밤, 그는 죽는다. 피 묻은 셔츠는 그가 증오해 마지않던 군복으로 갈아입혀졌다. 변하지 않은 건 여전한 그의 편안한 표정뿐이었다.

덥수룩한 머리와 수염, 검은 얼굴 속에서 두 눈만이 빛을 발하고 있던 렌수의 모습을 선페이는 또렷이 기억한다. 죽기 사흘 전 목이 막혀 말도 못하는 상태로 확고하게 빛나던 두 눈의 렌수는 빛을 잃고 고개를 툭, 꺾는다. 마지막 유언조차 남길 수 없는 절대 고독 안에서 그는 생을 마감했다.

돈 크라이 포 미

타인과 자신의 위선을 미워했기에 위악으로 살았던 렌수의 삶과 죽음. 관 속 렌수의 차가운 미소는 군복을 입고 누워있는 우스꽝스러운 자신에게 보내는 마지막 호의였다. 선페이가 그의 장례식을 차마 다 못 보고 나올 때, 그의 귓속에서는 발버둥 치며 나오려는 것이 있었다. 그것은 할머니의 장례식에서 렌수가 울었던 짐승의 울부짖음이었다. 고독을 씹어 삼키는 사람들을 위해 렌수가 울었던 그 울음이 다시 선페이의 귓가에 우우 들려왔다.

자신의 바람대로 렌수는 아무도 울어주는 이 없는 죽음을 맞이했다. 누구도 진심으로 그를 위해 울어주지 않았다. 선페이도 그를 위해 울지 않았다. 고독자의 계보는 3세대인 선페이에게 와서 그 성격을 달리한다. 고독자의 운명은 죽을 수밖에 없지만 그의 죽음은 더 이상 눈물로 기억되지 않는다. 렌수의 울음은 렌수에게서 끝난다.

귓속에서 울부짖던 그 울음이 마침내 빠져나온다. 선페이는 한 순간 렌수를 이해했다. 달빛은 쏟아지고 관 뚜껑에 못 치는 소리 요란한데 선페이의 발걸음은 가볍다. 그는 위선도 위악도 아닌 다른 고독자의 길을 좀 더 가볍게 걸어갈 것이다. 고독의 깊이만큼 치열했던 렌수의 죽음은 삶이 되어 우리를 고독자로 여전히 살게 한다. 아이러니하게도 렌수의 죽음은 우리를 살게 하기에 그의 위악은 아름답다. 철저한 죽음으로 철저히 산 자의 철저한 실패. 렌수의 실패는 오히려 렌수의 승리다.

삶은 똑똑한 말로, 명확한 글로, 강한 주장으로 살아지지 않는다. 강하고 옳은 주장들과 서정적이고 긍정적인 모든 말에게 묻고 싶다. 사람에 대한 애정과 격려는 흔히 말하듯 꼭 그런 방식으로만 드러나는가? 그렇지 않다. 실패로, 위악으로, 죽음으로 이렇게나 아직은 우리에게 좀 더 살아가고 싶게 만드는 것. 냉소도 비관도 아닌 루쉰의 방식이다. 이게 루쉰이다.

금방 밥 때가 돼 가는데 볶은 콩이나 처먹고
있으니, 먹어서 집안을 거덜 낼 셈이야!
증손녀 육근이 한 줌 콩을 쥐고 맞은편에서 달려
오다가 기미를 알아채고 곧장 강 쪽으로 내뺐다.
"저 할망구는 뒈지지도 않아!"

육근이를 부탁해

루쉰 하면 떠오르는 인물은 그의 소설집 『외침』의 주인공 '아Q'와 '광인'이다. 이들은 루쉰의 문학을 이야기할 때 주로 회자되는 대표적인 인물들이다. 책 제목에서 느껴지듯 『외침』에는 다른 작품집보다 루쉰의 시대인식이 강하게 표현되고 있다. 그는 당시 중국의 환부를 여지없이 드러내면서도 그 환부와 함께 자신도 떨어져 내렸다. 루쉰에게 누군가를 이해한다는 것은 이런 것이었다.

하지만 꼭 이런 식만 있는 것은 아니어서 한 작품집 속에 이렇게 다른 결이 있나 싶은 작품도 많다. 구근 할매부터 증손녀 육근이까지 대가족의 모습을 담은 「야단법석」에는, 중국 시골의 모습과 가족이 만들어내는 정겹고 소박한 일상들이 배경으로 등장한다. 소박하고, 정겹고, 웃음 나고 그렇게 끝나면 좋겠지만 그저 마냥 그렇지는 않다.

시골 마을의 대가족 그리고 육근이

"근심도 없고 걱정도 없나니. 진실로 이것이 전원의 즐거움이로다!" 그런데 문호의 노래엔 사실과 다른 점이 몇 가지 있었다. 구근 할매의 말을 듣지 못했으니 말이다. 할매는 찢어진 파초 부채로 걸상다리를 두드리며 길길이 역성을 부리고 있던 중이었다. "나는 일흔아홉을 살았어. 살 만큼 살

왔다구. 이렇게 집안 망하는 집안 꼴은 보고 싶지 않아. 차라리 죽는 게
낫지. 금방 밥 때가 돼 가는데 볶은 콩이나 처먹고 있으니, 먹어서 집안을
거덜 낼 셈이야!" 증손녀 육근이 한 줌 콩을 쥐고 맞은편에서 달려오다가
기미를 알아채고 곧장 강 쪽으로 내뺐다. 그러더니 오구목 뒤에 숨어 주
먹만 한 댕기머리를 삐죽 내밀고 소리를 내질렀다. "저 할망구는 뒈지지
도 않아!"

― 『외침』, 「야단법석」, 그린비, 82-83쪽 인용

　웃음이 픽 나온다. 구근 할매를 향한 싸가지 없는 증손녀의 일갈
이 맹랑하고 시원하다. 위의 인용문이 보여주는 것처럼 이 마을의 이
야기는 다소 코믹한 구석이 있다. 전원의 지극한 즐거움을 음풍농월
하는 와중에, 노래와 달리 근심 걱정투성이인 구근 할매는 길길이 뛰
며 역성이다. 그 뒤로 내빼는 증손녀 육근이. 육근이가 나무 뒤에 숨
어서 고개를 삐죽이 내밀고 "저 할망구는 뒈지지도 않아!" 하고 외치
는 이 가족. 수상하다.
　재밌는 것은 이 대가족의 이름이다. 가족의 이름은 이미 이 가족
에 대해 많은 것을 이야기해준다. 이 마을의 관습대로 아이가 태어나
면 근수로 이름을 붙이는데, 할매 이름은 구근, 육근이 아버지는 칠
근, 증손녀 육근이는 육근 이런 식이다. 구근 할매가 증손녀인 육근이
에게 이렇게 타박을 하는 데는 이유가 있다. 자기는 태어날 때 구근
이나 나갔는데 증손녀는 대가 갈수록 시원찮아져 고작 육근밖에 안
나간다는 것이다. '나 때는 안 그랬는데'의 원조격이다.
　구근에서 육근까지 사대가 같이 모여 사니 하루종일 시끌벅적하

다. 밥 한 끼 먹는 것도, 구근 할매의 '나 때는' 타령도, 증손녀 말본새에서 알 수 있듯 그 타박을 곱게 듣고 있을 가족이 아닌 것이다. 그야말로 야단법석이다.

마냥 티격태격 야단법석으로 하루하루 지낼 것 같은 이 가족에게도 문제가 있다면 있다. 아버지 칠근이의 머리가 짧다는 것. 변발을 좋아하는 황제가 보위에 오른다는 소문이 도는 바람에 변발을 잘라 머리가 짧은 칠근에게는 이만저만한 문제가 아니었다. 비록 농촌에서 뱃사공 일은 하고 있지만 칠근에게는 이름을 날려보고자 하는 야망이 있었다. 그에게 머리털 문제는 곧 목이 달아나는 문제일 수 있는 시대였으니 칠근의 머리 문제는 사소하게 치부할 수 없는 일이었다.

황제가 보위에 오른다는 소문이 돌던 날, 육근이네 저녁 밥상에 자오치 영감이 나타난다. 그는 신해혁명 때 몰락한 양반으로 여전히 변발을 자르지 않고 전통을 고수했던 사람이다. 세상이 바뀌자 머리를 둘둘 말아 올리고 그럭저럭 세월을 견뎌왔던 사람이었다. 그런 그가 다시 변발을 하고 장삼 두루마기를 입고 나타나 이렇게 호통이다. "헌데 자네 서방 변발은? 변발은 어디로 갔냐고?" 까막눈인 칠근네 부부로서는 학식 있는 자오치 영감이 하는 말에 사형선고라도 받은 양 별안간 귀가 웅웅거려서 아무 대꾸도 못 한다.

그 뿐 아니었다. 변발이 없으면 받게 되는 벌이 조목조목 책에 쓰여 있다는 말에 그들은 완전히 절망한다. 절망스런 기분은 싸움으로 번지게 마련. 칠근네 부부는 서로의 탓을 하다 "이 웬수같은 화상이..."까지 나왔다. 자오치 영감의 등장 소식에 모여 있던 마을 사람들

중, 싸움을 말리던 과부댁을 향해 서슴지 않고 이런 말도 한다. "누가 거기더러 나서라 그랬어! 서방질이나 일삼는 과부 주제에!"

밥사발

쨍그렁 하는 소리가 나면서 육근이 들고 있던 밥사발이 땅에 떨어졌다. 공교롭게도 벽돌 모서리에 부딪히는 바람에 산산조각이 나고 말았다. 칠근은 벌떡 일어나 깨진 조각을 주워 맞추어 보더니 버럭 소리를 질렀다. "망할 년!" 그러고는 철썩 하는 소리와 함께 육근이 나가떨어졌다. 구근 할매는 나동그라져 울고 있는 육근의 손을 당겨 일으켰다. 그러고는 "대가 갈수록 시원찮아져"를 연발하며 어디론가 데리고 가 버렸다.
- (같은 책, 89쪽 인용)

뭔가 깨졌다. '웬수'와 '서방질'과 '과부'가 남발하는 싸움의 현장에 울려 퍼지는 쨍그랑 소리는 밥사발이 깨지는 소리였지만 그들 안의 뭔가도 깨지는 소리였다. '근심도 없고 걱정도 없나니, 진실로 이것이 전원이 즐거움이로다'가 깨지는 순간이자, '정겨운 사람들이 오순도순 모여 사는'의 대가족과 공동체가 깨지는 순간이자, 머리털 문제 하나로 뒷방 늙은이에서 자오치 나리가 되는 과거의 유산이 깨지는 순간이었다.

여름이 되자 그들은 여전히 앞마당에서 밥을 먹었다. 모두들 얼굴을 마

주치면 환한 얼굴로 인사를 건넨다. 여든을 넘어선 구근 할매는 여전히
불평을 늘어놓았고 기력도 짱짱했다. 육근의 댕기머리도 벌써 커다란 변
발로 변해 있었다. 최근 발을 싸맨 그 아이는 집안일을 도울 만은 했는지
열여섯 개 구리 못으로 땜질한 주발을 들고 뒤뚱거리며 마당을 오가고
있었다.

- (같은 책 92쪽 인용)

몰랐다. 표독스러운 면도 있지만 귀여울 것 같은 육근이를 통해
이야기가 이렇게 불안하고 무겁게 끝이 날 줄은. 뒤집힐 것 같은 세
상이 변하지 않자 자오치 영감은 장삼을 벗고 다시 머리를 틀어 올리
고 뒷방 늙은이로 돌아갔다. 그동안 칠근을 뚱하게 대했던 마을 사람
들은 환한 인사를 보내고 구근 할매는 그새 기력이 더 짱짱해진 듯하
다. 그리고 육근이는….

얼기설기 땜질한 깨진 밥그릇을 들고 전족을 한 발로 마당을 뒤
뚱거리는 육근이의 모습은 결코 변하지 않을 무엇에 대한 예감으로
우리를 불안하게 한다. 이 아이는 또 몇 번의 머리를 자르거나 길러
야 자기 아버지인 칠근처럼 목숨을 보존하게 되는 걸까. 육근이 다
음 오근 그리고 사근, 삼근, 이근… 대가 갈수록 시원찮아지지 않으려
면. 깨져버린 과거를 간신히 이어 붙인 이 밥그릇과 같은 삶을 반복
하지 않으려면.

그럼에도, 그럴더라도

대가족의 막내 육근이에게 드리우는 결말의 어두운 그림자. 이걸 보여주는 것이 루쉰이 가진 루쉰스러움이다. 전통 속에서 나고 자란 아이가 더 이상 낡은 전통만으로는 살아갈 수 없는 시대가 도래했을 때 겪게 되는 크고 작은 풍파(風波). 이러한 배치는 『외침』의 다른 이야기에서도 계속 이어진다. 루쉰은 『외침』의 소설들을 통해 당시 중국의 모순과 기존의 가치를 고수하는 방식으로는 어떤 미래도 없다는 것을 보여주고 있다.

그럼에도, 그럴더라도 이 결말은 끝내 따뜻하다. 개인적인 삶의 부침과 중국 사회에 대한 절망감 속에서 루쉰이 각각의 인물들을 소설을 통해 구성해나간 이유는 그들을 향한 애정이다. 아니, 애정을 넘어 그들을 향한 경외다. 앞으로의 중국에서 일어날지도 모를, 혹은 이미 일어났던 혁명과 변화의 그 격정의 시류 속에서 사라져버렸거나 사라지고 있거나 사라져버릴지도 모르는 소소하고 변변치 않은 인물들에 대한 걱정과 경외. 어쩌면 그의 소설집 『외침』은 이들을 향한 외침이다. 희망이라고는 없는 세대를 살아가는 아이들과 사람들에게 그럼에도 힘내라고 목이 막히도록 고함을 지른다는 의미의 납함(吶喊)이 『외침』의 원제이고, 이 소설 「야단법석」의 원제는 풍파(風波)다.

공산당과 손을 잡더라도 그들은 자신의
부와 권력이 축소되지는 않을 것이라고
생각했다. 그런데, 막상 손을 잡아보니 공산당의
이념 같은 것은 사실 중요하지 않았다.
중요하다 해도 자신들이 기르던 닭과 개의
숫자가 줄어드는 것은 원하지 않았던 것.

닭과 개를 다오!

요즘 마오의 평전을 읽고 있다. 루쉰에 대한 관심에서 어쩌다보니 마오와 공산당의 역사까지 읽게 된 것이다. 마오 개인의 역사는 물론이고, 중국 공산당의 형성과 발전 과정을 읽다보니 드는 여러 가지 생각 때문인지 오늘 눈에 들어오는 루쉰의 글은 이런 거다.

> 대략 2천 년 전에 류선생이라는 사람이 있었는데 각고의 노력 끝에 신선이 되어 부인과 같이 하늘로 올라갈 수 있게 되었다. 그러나 그의 부인은 올라가고 싶어 하지 않았다. 왜 그랬는가? 그녀는 살던 집이며 기르던 닭과 개를 두고 가기가 아쉬웠던 것이다. 류선생은 상제에게 애원을 하여 집과 닭, 개 그리고 그들 부부를 모두 하늘로 올라가는 방법을 강구하고 나서야 겨우 신선이 되었다.
> - 『차개정잡문』, 「중국 문단의 망령」, *xbooks*, 521쪽 인용

복잡하기로 유명한 중국 근현대사는 국민당과 공산당을 빼놓고는 말할 수 없다. 당시 집권당이었던 국민당의 체질 개선을 위해 공산당과 손잡았던 쑨원이 죽자, 장개석이 집권하게 된다. 그러나 그는 반공세력들을 움직여 국민당 내의 공산당을 몰아내려는 마음을 먹는다. 이로 인해 1927년, 중국의 앞날을 위해 손잡았던 1차 국공합작은 결렬된다.

당연한 수순으로 국민당 세력은 국공합작의 노선에서 공산당 토벌로 자신들의 노선을 전향했다. 국공합작을 이끌어낼 때는 언제고 이제 와서 왜 국민당은 공산당을 토벌하게 되었나? 이유는 그들이 원하는 것은 공산주의 이데올로기가 아닌 이기심, 즉 개인적 삶의 질 향상에 있었기 때문이다.

공산당과 손을 잡더라도 그들은 자신의 부와 권력이 축소되지는 않을 것이라고 생각했다. 그런데, 막상 손을 잡아보니 공산당의 이념 같은 것은 사실 중요하지 않았다. 중요하다 해도 자신들이 기르던 닭과 개의 숫자가 줄어드는 것은 원하지 않았던 것. 그렇게 자신들의 정치적, 사회적 이해와 득실을 계산한 끝에 나온 것이 '합작에서 토벌로'의 전환이었다. 더 이상 공산주의가 거론되거나 그 싹이 다시 트는 것을 원치 않는다면? 답은 당연히 토벌이었다.

절대로 공산당 아님

토벌에는 다른 이유가 없다. 어떤 토벌이든 토벌은, 토벌 그 자체가 이유다. 토벌의 이유가 닭과 개가 노니는 앞마당에 대한 것이었기에 공산당에 대한 적의는 싸움의 이유가 아니었다. 그렇다면 이념 대신 다른 명분이 필요해진다. 공산당에 대한 적의가 이유가 아니라면 막연한 적대적 감정으로 뒤덮는 게 필요요했을 것이다. 그래서 토벌은 더욱 철저하고 광범위하게 이루어져야만 했는지도 모른다.

분노와 갈등은 들불처럼 번져갔다. 공산당에 대한 식별은 참으로 쉬웠다. 상대방이 진짜 공산당인지 아닌지는 아무 상관없었다. 그 냥 '아무개는 공산당이다'를 외치면 된다. 상대를 공산당으로 신고함 으로 자신의 '공산당 아님'이 증명되는 식이었다. 이렇게 되면 다툼과 분쟁에서 중요해지는 것은 팩트나 진실이 아니다. 목숨을 좌우하는 것은 누가 공산당인가다. 공산당에 가입했던 사람이 생존하기 위해 서는 방법이 있었다. 세상이 바뀐 지도 모르고 소련 유학에서 돌아온, 공산당의 교수대에 매달려 죽은 친구의 다리를 잡아당김으로써 '참 회'는 증명되었다.

문학으로 뭘 할 수 있을까

세상이 이 지경이라 그런지 문학가들 중 제정신 아닌 그룹이 등장한 다. 루쉰은 1934년 마스터 와타루에게 보내는 편지에서, 이들은 "초 당파적인 듯 보이나 사실은 우파"라 말했다. 언뜻, 초당파적이라는 말은 나이스하게 들린다. 이쪽도 저쪽도 아닌, 그러니까 좌도 우도 아 닌 입장을 취한다는 점에서 이들의 제스츄어는 그럴 듯하다.

　　루쉰은 제정신 아닌 문학가 그룹을 '제 3종인'이라 했는데, 그들 의 말은 이렇다. '문학은 쥐뿔도 모르면서 문학을 훼손하는 좌익비평 가 놈들' 루쉰의 말은 이렇다. '지들 문학의 수호자들이 국민당 정권 이라 할 말도 제대로 못 하는 놈들'. 철학자들과 제 3종인을 비교해 보면, 비슷한 듯 보이나 근본적으로 다른 차이가 있다. 철학자들이 말 하는 이것과 저것 너머로 가는 것은 기존의 가치와 전제를 깨기 위한 것이지만, 제 3종인의 초당파적이거나 초월적인 태도는 권력자에게 맞추기 위한 것이라는 점. 권력자에 맞춰서 뭘 얻는가? 닭과 개다.

권력자의 특성은 말을 하게 하는 것이다. 특정한 방식의 말들을 하게 만들고, 그것이 검은 연기처럼 스며들며 민중들을 교란시킨다. 이쪽과 저쪽 너머에 계신 제 3종인은 "죽음의 설교자"다. 왜냐하면 사람들로 하여금 현재를 보지 못하게 하기 때문이다. 현재 국민당이 벌이고 있는 짓을 외면하고 그것을 폭로하는 혁명 문학가들을 지탄하면서 자신들이 말하는 것은 문학의 순수성이다. 정치와는 상관없다는 문학의 순수성을 빌미로 그들은 순수한 글을 쓰고, 국민당은 그들의 순수한 문학을 후원하는 커넥팅.

문학은 어떤 형식을 취하든 현재의 일을 말하는 것이다. 현재의 일을 바로 보는 것은 중국의 미래를 위한 일이기도 하다. 현재의 일은 지금 일어난 일, 시사(時事)다. 현재와 자신과의 관계 속에서 일어난 일을 쓰는 것. 이 시대 루쉰에게 문학은 이런 것이어야 했다. 뒤이어 루쉰의 현재에, 우리에게도 익숙했던 어떤 일들이 벌어진다.

> 독자에게는 그저 간행물이 생기가 없고 작품이 시원찮으며 늘 진보적이었던 유명 작가가 올해 갑자기 모자란 소리를 하는 이로 변한 것만 눈에 들어올 뿐이다.
> - 같은 책, 529쪽 인용

권력자의 또 한 가지 특징은 말을 못하게 하는 것이다. 말을 퍼뜨리는 방식이 안 먹히면 직접 치는 방법밖에 없다. 판금과 검열. 익숙한 단어다. 길을 가다 재수 없게 걸린 가방 검사도. 불과 몇 십 년 전 일이다. 검열로 인해 텅 빈 공란이 가득한 신문을 받아야 했던, 문인들이 어버버 벙어리 흉내를 내던 그 시절 거리의 어두운 표상들은 루쉰의 시대만의 일이 아니다.

닭과 개를 다오! 무조건!

여기까지 쓰다 보니 맥 빠진다. 국민당의 공산당 토벌 정책이라는 한바탕의 피 냄새에는 어이없게도 온통 허상뿐이다. 여기에는 다수의 피 냄새가 섞여 있다. 권력을 지키고 싶은, 권력자가 되고 싶은, 이 기회에 한판 땡기고 싶은 혹은, 다른 건 필요 없고 그저 자기 몫의 닭과 개를 소소히 늘리고 싶은 다수의 욕망이 뒤섞인 피 냄새.

　루쉰은 이 글의 제목을 '중국 문단의 망령'이라 지었다. 그러나 문학만의 일일까. 망령의 무서운 점은 이것이 진실보다 더한 효과를 가진다는 것이다. 무수한 사람들의 죽음이 결국 이기적 소유욕인 닭과 개의 개체수 증가에 대한 욕망 때문이라는 것. 내가 먹어야겠다고, 더 가져야겠다고 벌이는 휑하고 뻔한 인생사가 국민당과 공산당, 넘쳐나는 무슨 주의들이다.

　사는 데는 닭과 개가 중요하다. 닭과 개 때문에 사형당한 친구의 다리를 잡아당길 수도 있다. 왜냐하면 살아야하니까. 하지만 본심은 닭과 개에 대한 이기심이면서 고매한 대의명분으로 기만하는 것이라면. 알고 보면 세상 모든 일이라는 게 원래 그렇게 흘러가는 것이라면. 루쉰은 이 땅의 수많은 '류선생'에게 묻는다. 혹시 우리는 우리의 커튼 뒤에서 무엇을 조장하고 있지는 않은가. '닭과 개를 다오'에서 우리는 예외인가. 국민당이 나빴다면 공산당은 예외인가. 혁명 문학가는 예외인가. 아니, 혁명은 예외인가. 나는? 너는? 또 우리는?

자신의 안락함에 방해가 되지 않는 선에서,
자신의 공부가 자신의 안락함을 지키는
방식으로 되는 것. 더 나아가 공부를 하고
있다는 안도감으로 만족하는 것.
이것만큼 혁명과 변화와 공부에 위반되는 일은
없을 것이다. 어쩌면 '커피를 마시면서 하는
혁명문학'의 태도로 우리의 혁명도,
우리의 공부도, 우리의 삶도 이루어져
있는 건 아닌가.

커피 커피, 혁명 혁명

에브리데이 커피

처음 문장을 나는 커피를 좋아한다고 쓰려니 과연 내가 커피를 좋아하나 다시 묻게 된다. 분명 커피를 즐겨 마시긴 하지만 이젠 커피가 더 이상 특별한 기호식품이 아니라, 물같이 느껴져서 좋아한다고 쓰는 게 맞나 싶다. 어디를 둘러봐도 한집 걸러 카페이고 언제 어디에나 손쉽게 마실 수 있는 게 커피다. 불과 수년 전만 해도 스타벅스에 가는 여자들을 된장녀라 불렀던 적이 있다. 비싼 프랜차이즈 커피를 마시는 게 허영심의 표상인 것 마냥 사회적 지탄의 대상이 된 일이 이제는 까마득하다. 시간의 흐름에 따라 커피숍도 진화한다. 커피숍은 카페가 됐다. 어느새 우리의 일상이 되어버린 카페만큼 세상 편한 장소는 없다.

　　이제 커피숍은 단순히 커피를 마시는 장소가 아니라 단돈 몇 천 원으로 카공족들에게는 공부방이고 회사원들에게는 잠시 몸을 숨기는 장소이며 어쩌면 호의라고는 받아보기 어려운 시대를 사는 우리가 인생에서 누리는 거의 유일한 장소다. 나 같은 맥심커피 성애자를 배려하지 않는다는 결정적 결함에도, 한 컵 가득 들어있는 커피 한 잔으로 몇 시간이고 죽치고 앉아 떠들 수 있는 장소를 제공한다는 점에서 대만족!

구걸과 커피숍

며칠 전, 오랜만에 느껴보는 어떤 기분이 들었다. 그것은 일종의 당혹
감이다. 이젠 나이가 들어서인지 어지간한 일에는 뻔뻔해졌다고 생
각했는데. 친구들과 영화를 보고 밥을 먹고 수다를 떨러 들어간 카페
에서 아주 오랜만에 구걸하는 사람을 봤다. 물론 지하철에서도 종종
무슨 종이 같은 것을 나눠주며 구걸하는 사람을 봤지만, 그때는 그냥
모르는 척하는 게 자연스러웠는데 이번에는 대놓고 우리 자리에 와
서 손을 내밀었다.

나이가 몹시 많은 할아버지는 배가 고픈데 밥 사먹을 돈이 없다
고 했다. 우리 중 가장 마음 약한(착한) 친구가 지갑을 여는데 종업원
이 와서 호통이다. 빨리 나가지 않으면 신고하겠다는 단호한 목소리
다. 당혹스러운 건 다음 순간부터였다.

그는 친구가 준 돈 삼천 원을 그악스럽게 챙기면서 카페가 떠나
가라 소리를 지르며 나간다. 힘없고 배고파 구걸하는 늙은이치고는
꽤 쩌렁쩌렁한 목소리였다. 어쩌면 다행이다. 진짜 병들고 힘없으면
구걸하러 다니지도 못하겠지. 종업원이 우리에게 와서 겸연쩍은 표
정으로 사과를 한다. "요즘 저런 사람들이 부쩍 많아졌어요. 앞으로
는 조심하겠습니다." 작은 소란으로 인해 카페의 공기는 잠시 술렁거
린다. 공부하던 카공족도 몸 숨기던 회사원도 자신들의 평화로운 일
상을 해친다고 느낀 순간, 잠시 눈살을 찌푸렸지만 곧 무관심해졌다.
몇몇 흘낏거리던 주변 테이블의 사람들도 완전 평온을 되찾았다.

한바탕 소동이 지나가자 우리는 하던 얘기를 마저 계속 했다. 때

마침 영화는 늙고 돈 없는 한 여자에 대한 이야기였다. 늙는 것이 두려운가, 돈 없는 것이 두려운가에 대한 설왕설래가 오가다가 둘 다두렵다는 결론이 내려졌다. 이러한 두려움은 늙고 돈 없는 사람에 대한 대책을 국가나 가족 어디에도 바랄 수 없을 때 발생한다. 그러므로 한바탕 나라 욕이 시작된다. 누구에게 이 두려움의 실체를 토로해야 할지 모르는 우리는 그래서 현재를 만족하며 건강할 때 잘 살자는말로 자리는 마무리된다. 아, 이게 아닌데.

혁명과 커피숍

> 한번 상상해보면, 서양식 건물이 우뚝 솟아 있고, 앞에는 넓은 도로가 마주하고 있으며, 문 앞에는 반짝반짝 빛나는 유리간판, 위층에는 "우리들 현재 문예계의 유명 인사들"이 열정적으로 논의하거나 사색하고 있으며, 코앞에는 따끈따끈한 프롤레타리아 계급 커피가 놓여 있고, 먼 곳에는 많은 "천한 농민과 노동자 대중"들, 그들은 마시고 생각하고 담화하고 지도하고 획득하고 있으니, 그래서 당연하게도 이런 것들이 확실히 "이상의 낙원"인 듯하다.
>
> - 『삼한집』, 「혁명 커피숍」, 그린비, 395쪽 인용

인간은, 특히 지식인들은 아무래도 죽치고 앉아 이야기하는 것을 좋아하는가 보다. 커피 한잔 앞에 놓고 이야기하기를 좋아하는 것은 1920년대 중국에서도 가능했다. 혁명 커피숍의 주요 고객은

1928년 현재 유행인 혁명 문학가들이다. 혁명 문학은 "천한 농민과 노동자 대중"들을 위한 문학이다. 내용이야 그들의 각성과 계몽을 위한 것이겠고, 아이러니한 것은 한창 유행인 혁명이니 마르크스니 하는 것들을 반짝반짝 빛나는 신식 건물 2층에 있는 창조사 사무실에서, 그것도 노동자 계급이 만든 커피를 홀짝이며 논의하고 사색한다는 점이다.

요즘 식으로 상상해보면 이런 방식일 것이다.

"이집 커피 맛 좋지? 근데 커피 값이 왜 이리 비싸냐. 사실 원가는 얼마 안 한 대."

"홀짝"

"잡지에서 봤는데 일당 500원 받고 커피 원두를 가난한 아프리카 어린이들이 따서 판다더라."

"홀짝"

"그렇다니 어째 좀 기분이 그런데. 가난하고 비참한 세상은 어떻게 안 되는 걸까. 이놈의 세상 안 바뀌는 거니?"

"후룩, 후루룩, 홀짝"

왠지 낯익은 풍경이다. 이런 방식의 대화는 우리가 일상적으로 하고 있는 것 아닌가. 안락한 일상에 잠시 불편함이 깃들다 바로 회피하는 방식. 그래도 우리는 이런 문제의식이라도 있지 않냐 하는 자기기만. 안락함을 방해하는 어떤 것도 용납하지 않을, 지키고 싶은 무엇들의 공고함이 만들어내는 부조리함.

루쉰은 '혁명문학'의 문제에서 '혁명'은 무엇이고, '문학'은 무엇인지 묻지 않는다. 혁명문학이 무엇인가보다 그들이 혁명문학을 앞세우며 벌이는 기만이 무엇인가를 묻는다. 대부분이 신지식인이자 현 정권의 휘호 아래에서 움직이는 창조사인들이 혁명문학의 간판을 내걸고 먹은 여러 가지 딴 마음 중, 오늘 내가 걸리는 것은 혁명 커피숍이다. 커피숍에서 떠드는 혁명 그리고 문학 같은 것.

자신의 안락함에 방해가 되지 않는 선에서, 자신의 공부가 자신의 안락함을 지키는 방식으로 되는 것. 더 나아가 공부를 하고 있다는 안도감으로 만족하는 것. 이것만큼 혁명과 변화와 공부에 위반되는 일은 없을 것이다. 어쩌면 '커피를 마시면서 하는 혁명문학'의 태도로 우리의 혁명도, 우리의 공부도, 우리의 삶도 이루어져 있는 건 아닌가. 맥심 커피라도 한잔 때리면서 말하기를 좋아하는 나는, 루쉰 선생이 들쑤신 덕에 뭐든 편하긴 다 틀렸다. 이걸 어쩐다?

날마다 '강물이 흐르듯 끊임없이' 되풀이되는
것은 밥 먹는 일이었다. 쯔쿤의 업적은 전적으로
이 식사와 관련된 일에서 세워진 것 같았다.
먹고 나면 돈을 마련하고 마련하면 또 먹었다.
자리에 앉아서 약간 화가 난 표정을 지어 보여도
전혀 고치려 하지 않고 마치 아무 것도
모른다는 듯이 우적우적 먹어댔다.

낭만적 사랑과 생활

사람이 온다는 건

실로 어마어마한 일이다

그는

그의 과거와

현재와

그리고 그의 미래와 함께 오기 때문이다

한사람의 일생이 오기 때문이다

부서지기 쉬운

그래서 부서지기도 했을

마음이 오는 것이다-그 갈피를

아마 바람은 더듬어 볼 수 있을

마음,

내 마음이 그런 바람을 흉내 낸다면

필경 환대가 될 것이다

- 「방문객」, 정현종

설렘

사랑은 사람이 온다는 것이다. 사람이 온다는 것은 실로 어마어마한 일이다. 왜냐하면 그의 과거와 현재 그리고 미래와 함께 오는 것이기 때문이다. 사람을 만난다는 것은 한 사람의 일생을 만나는 일과 같다. 그것은 단지 현재의 모습뿐만 아니라, 부서지기도 했을 그의 과거와 부서지기 쉬운 그의 미래까지 함께 보듬어 안는 일이다.

사랑은 한눈에 알아보는 것이다. 아, 이 사람이구나. 이 사람하고는 뭔가 되겠구나. 3초도 안 되는 짧은 순간, 각각으로 존재했던 그와 나는 이제 함께 '우리'가 될 수 있음을 예감한다. 어색한 첫 데이트 그 이후로 전화기에서 절대 자유로울 수 없는 나날들. 수많은 오해와 착각들 그리고 이어지는 화해와 포옹들까지. 사랑은 그 진부함에도 불구하고 이런 시작, 이런 낭만적 전제를 반드시 필요로 한다.

> 쯔쿤이 나의 이 낡은 방에 없을 때 나는 아무것도 눈에 들어오지 않았다. 너무 무료한 나머지 과학책이든 문학책이든 손에 잡히는 대로 집어 들었다. 읽어 가다가 퍼뜩 정신이 들어 보면 벌써 십여 페이지나 뒤적거렸건만 책 속의 내용은 전혀 기억나지 않았다. 그런데 귀는 유달리 밝아서 대문 밖 길가는 사람들의 신발 소리를 모두 알아들을 수 있을 것 같았다. 그 속에 쯔쿤의 구두 소리도 점점 가까이 다가오는 듯했다.
> - 『방황』, 「죽음을 슬퍼하며」, 그린비, 346쪽 인용

소설 속의 '나'는 그녀와 사랑에 빠진다. 사랑에 빠져본 사람들은

안다. 사랑은 기다림이다. 전화를 기다리고, 공강 시간을 기다리고, 다 먹을 때까지 기다리고, 그녀가 화장실에서 나올 때까지 기다리고, 내 마음을 받아줄 때까지 기다리고 또 기다리는 과정이 사랑이다.

눈치챘겠지만, 나는 진부한 옛날 방식의 사랑을 말할 것이다. 그러나 아무리 시대가 달라졌다 해도 '사람이 온다는 것'과 '기다림'은 사랑의 속성이다. 사랑에 빠진 사람은 바깥의 수많은 신발 소리 중 그녀의 하이힐 소리를 구별해 낼 줄 안다. 길에 닿는 그녀의 맑은 하이힐 소리에 생기가 돌고, 사랑하는 그녀에 의지해 이 적막과 공허에서 도망쳐 나와 새로운 미래를 꿈꿀 수 있다는 기대에 찬 나날들을 보낸다.

더구나 상대는 신여성이다. 그냥 중국의 전통적 여자가 아니라 말이 통하는 여자, "나는 나 자신의 것이지 누구도 간섭할 수 없어요."와 같은 말을 할 줄 아는 여자. '구습타파, 남녀평등, 입센과 타고르'를 같이 논할 수 있는 여자. 그런 그녀에게 서구식 신식 교육인 여성 해방, 혁명적 시들을 이야기하며 점점 열정적으로 그녀를 사랑하게 된다.

사랑하는 남녀가 서로에 대한 환대를 갖고 시작하는 새로운 삶에 대한 기대. 그러나 그 사람이 어떻게 변해가도, 어떤 모습이라도 사랑할 수 있을지 생각도 못 해본 채 내 눈 앞에 있는 현재의 모습이 영원하리라고 착각하게 된다. 막 사랑을 시작하는 그들에게 일그러진 미래는 상상조차 하지 못할 일임은 어찌 보면 당연하다. 그러나 '사람이 온다는 것'은 그 사람의 '부서지기 쉬운' 미래를 받아들이겠다는 각오이자 나도 누군가에게 내 일생을 건네 줄 준비가 되어있음을 의미한다. 지금 현재의 좋은 모습, 내가 보고 싶은 모습만 보겠다는 건 아닌 것이다.

사랑의 유효기간은 그냥 사랑이 유효한 기간까지다. 감정의 시들함을 넘어서는 진짜 사랑 운운은 여기서는 집어치우자. 그것은 갑자기 온다. 그렇게 좋았던 마음이 어느 날 돌연 썰렁해진다. 8월의 끝무렵 어느 아침, 창을 열었을 때 선뜻 느껴지는 가을바람처럼. 아무리 총명하고 의지에 넘치는 그들이라도 일상은 일상일 뿐이다. 일상은 하루하루 물밀 듯 밀려온다.

일상

내가 예상하고 있는 타격이 마침내 찾아왔다. 쌍십절 전날 밤 나는 멍하니 앉아 있었고, 그녀는 그릇을 씻고 있었다.
- 같은 책, 353쪽 인용

사랑을 시작할 때는 그는 멍하니 앉아 있고, 그녀는 그릇을 씻는 일 따위는 별로 중요하지 않다. 아니, 그런 일조차 아름답고 다정한 하루의 마무리 정도로만 여겨진다. 그러나 물밀 듯 밀려오는 일상 속에서 하루 종일 전투적으로 입센과 혁명을 논하고, 서로에게 빛나는 눈동자를 선사할 순 없다. 더구나 생활고의 압박에 시달리게 되면 더욱 일상은 고민거리로 다가온다.

날마다 '강물이 흐르듯 끊임없이' 되풀이되는 것은 밥 먹는 일이었다. 쯔쿤의 업적은 전적으로 이 식사와 관련된 일에서 세워진 것 같았다. 먹고 나면 돈을 마련하고 마련하면 또 먹었다. 게다가 아수이도 먹이고 닭들도 먹여야 했다. 그녀는 전에 이해했던 것을 깡그리 잊어버린 듯했다. 나의 구상이 항상 이 식사를 재촉하는 소리 때문에 끊어진다는 것을 생각하지 못하는 것 같았다. 자리에 앉아서 약간 화가 난 표정을 지어 보여도 전혀 고치려 하지 않고 마치 아무 것도 모른다는 듯이 우적우적 먹어댔다.

- 같은 책, 356쪽 인용

산다는 것은 밥을 먹는 일이다. 생활한다는 것은 서로의 눈빛과 아름다운 말들로 이루어지는 것이 아니라, 밥을 살 돈과 밥을 지어먹는 행위와 그 행위와 행위들을 위한 또 다른 행위와 행위들의 반복의 연속성 위에 놓여 있다. 사람 밥만 아니라 개와 닭까지 먹여야 하는 밥벌이의 지겨움. 더구나 이들의 동거 소식을 알게 된 국장의 명령에 의해 출근금지를 통보받게 되어(1920년대닷!) 생활고에 시달리게 된 그들 앞에 사랑은, 그 결연한 의지에도 불구하고 피곤함과 나약함이라는 그림자로 다가온다.

생활은 사랑을 좀 먹는다. 아니, 사랑이라 생각했던 것들을 좀 먹는다. "사랑은 끊임없이 새로워지고 재창조되어야 하는 것이고, 때때로 의견 충돌과 생각의 오해로 인한 부딪힘 후 찾아오는 화해의 기쁨도 필요한" 것이다. 하지만 매일 밥을 하고 밥을 먹는 일과 같은 일상의 피로감은 애정의 재창조나 격렬한 싸움 뒤의 화해의 기쁨 없는,

나날이 애를 쓰나 짐짓 우적우적 밥을 먹어대는 서글픈 표정의 쯔쥔
과 닮아 있다.

파국

사랑은 정치적이다. 권력자와 피권력자의 관계다. 상대보다 더 많이
사랑하는 자와 상대적으로 덜 사랑하는 자를 결정짓는 것은 다름 아
닌, 밥이다. 그러니까 누가 먼저 밥정(情)이 떨어지는가에 있다. 어느
날, 상대방이 밥 먹는 게 꼴 보기 싫어지는 게 신호다. 앞서 말했듯,
산다는 것은 밥을 먹는 일인데 상대방이 밥 먹는 게 싫어진다는 것은
같이 밥을 먹고 싶지 않게 된다는 것을 의미한다. 애석하게도 그것은
강물이 흐르듯 되풀이되는 밥 먹는 일인 생활을 같이 하기 어려워진
다는 것을 의미한다. 이들은 왜 이 지경까지 되었을까.

쯔쥔의 오류는 이 부분에 있다. 그녀는 밥하는 것으로 대변되는
살림을 잘하는 것. 개와 닭 키우기로 자신의 삶을 영위함과 동시에
그에 대한 변함없는 애정을 보여주고 인정받길 원했지만, 그가 바라
는 것은 그런 것이 아님을 알아차려야 했다. 또, 소설 속의 '나'인 쥔
성은 지금의 방식 이외의 다른 대안을 생각할 수 없는 쯔쥔을 당황시
키지 말고 문제를 해결해나가야 할 방향을 함께 모색해야 했다. 서로
가 서로를 사랑한다면 마땅히. 그러나 쥔성은 미래에, 쯔쥔은 과거에
살면서 그 둘은 한 번도 현재에서 만나지지 않는다.

과거 빛나던 사랑의 장면을 확인하려는 쯔쥔의 눈물겨운 반복 시

험과 그런 그녀를 지겨워하며 도서관으로 도피하는 쩬성. 동거 전엔 그렇게나 잘 통하여 내 영혼의 분신인 듯싶던 서로가 이제는 '사랑이 어떻게 변하니?' 라는 말을 밥과 함께 자주 집어 삼켰다. 그들의 저녁 밥상에는 반찬으로 변한 닭과 생활고로 버려야 했던 개, 아수이에 대한 잔상이 밥상에 차려져 있다.

영원히 변치 않을 것만 같던 사랑의 약속들. 그러나 사랑은 변했다. 사람이 온다는 것과 기다림 외에 사랑의 속성 하나 더 추가다. 사랑은 변한다. 쩬성은 쯔쥔에게 자신의 사랑이 변했음을 고백하기로 결심한다. 사랑이 변했다고 고백하는 일은 잘못일까. 그가 그녀에게 고백하지 않았더라면 두 사람을 잘 살 수 있었을까. 사람은 영적인 존재다. 자신의 마음을 속인다는 것은 불가능하다. 더구나 사랑하는 사람의 몸짓, 눈짓 하나에 그 사람의 현재 상태를 즉각 알아차릴 수 있는 게 사랑하는 사람들이라는 것인데.

밥정이 먼저 떨어진 사랑의 권력자는 용기를 낸다. 그는 이제 피권력자보다 덜 사랑하는 권력자라서 피권력자에게 이별을 통보한다. 통보받는 자에게는 청천벽력 같을 이 말. 더 이상 너를 사랑하지 않는다. 그런데 이걸 어떻게 전한다?

도서관에서 돌아온 쩬성은 쯔쥔에게 예전의 일을 떠올리며 입센과 구습타파와 혁명의 시를 논하느라 침이 튄다. 하지만 그것은 공허하다. 이런 말들이 더 이상 그들의 사랑을 유지시켜주지 못하기 때문이다. 뿐만 아니라, 과거의 입센과 구습타파와 혁명은 그들의 혁명적 사랑을 부추기고 빛내주는 것들이었지만, 지금의 입센과 구습타파와 혁명은 이별을 위한 것이다. 당시 동거라는 방식의 혁명적 사랑은 당연하게도 혁명적 이별을 요구한다.

우리가 정직을 말할 때, 그것이 정직을 가장한 비겁은 아니었는
지를 생각해봐야 한다. 이별의 이유는 사랑이 식었기 때문인데도 다
른 핑계를 대며 이별의 책임을 회피하는 데서 사랑했던 대상의 비극
은 시작된다. 그런 의미에서 정직한 쥐엔성에게 박수를. 다른 핑계는 없
다. 사랑이 식었다는 것 외엔. 다만 우리 시대에는 통할 이런 이별 방
식이 1920년대에도 괜찮았을까.

결국, 이 시시한 일상

괜찮지 않았다. 동거를 끝내고 집으로 돌아간 쯔쥔은 자살하고 만다.
1920년대의 중국 사회는 서구에 의해 개방되고 혁명도 됐지만 사람
들의 습속까지 하루아침에 바뀌는 건 아니었다. 그녀는 죽고 말았다.
"사랑을 잃고 무거운 진실의 짐을 짊어지고 추상같은 위엄과 주위의
차가운 멸시 속에서." 이들의 파국에 대해 루쉰은 이런 얘기를 했다.

   "이 삶을 도모하는 일에서는 반드시 손을 맞잡고 나아가거나 홀로 분투
   할 것, 만약 남의 옷자락에 매달리기만 한다면 그가 전사라 할지라도 싸
   울 수 없게 되어 함께 멸망하고 마는 것이다."
나는 루쉰의 다음과 같은 얘기에 끌린다.
나는 생각을 돌려 편지나 남겨 둔 쪽지라도 있을까 해서 찾아보았지만
보이지 않았다. 소금, 고추, 밀가루, 배추 반포기. 한 곳에 모여 있었고, 그

옆에 동전 몇 십 개가 놓여 있었다. 이것은 우리 두 사람의 생활 재료 전
부였다. 지금 그녀는 정중하게 이것을 나 한 사람에게 남겨두어 무언중
에 내가 이것으로 좀 더 오랫동안 생활을 유지하라고 가르친 것이다.
- 같은 책, 366쪽 인용

이런 이야기는 왜 이리 쓸쓸한가. 사랑이 끝났다. 사랑을 잃는 일
은 누가 먼저 이별을 통보했는가와 상관없이 서로에게 평생 각인되
는 아픔이다. 시간이 흘러 아픔은 잊는다 해도 이별하는 그 순간 겪
었던 막막한 단절감은 잊히지 않는다.

사랑은 끝났지만 삶은 계속된다. 결연한 사랑에 대한 의지와 기
대감으로 부풀었던 집을 떠나오는 와중에도 쯔쥔은 먹을거리와 동전
몇 십 개를 한 곳에 모아두어 쥔성이 좀 더 오랫동안 생활을 버텨나
가길 바라고 있다. 소금, 밀가루, 배추와 동전 몇 십 개로 남은 사랑.
그것은 시시하다. 일상이 시시하기 때문에 일상과 함께 가는 사랑은
시시하다.

사랑하는 이들을 힘들게 하는 것은 낭만적이고 열정적인 사랑이
끝난 그 자리, 사랑을 무력화시키는 일상의 폭력성을 보는 일이다. 이
제 사랑을 시작하는 모든 사람들은 짧고 달콤한 설렘 뒤, 길고도 먼
일상으로 걸어 들어가야 한다.

일상의 모든 행위와 사건에서 서로 부딪히고, 싸우고 물어뜯다가
위로하고, 또 지리멸렬해 하다 종국에는 그것마저도 시시해지는 일
상. 이 수많은 이유들과 그 이유들 이외의 모든 이유 아닌 이유들로
도 맞닥뜨리게 되는 일상. 일하고 돈 벌고, 밥 먹고 살림살고, 애들보

고 울고 웃는 그 모든 평범한 하루하루 속 각자의 자리에서 부지런히 삶을 도모해가는 것. 이것이 낭만적 감정의 한계를 넘어서서 오는, 시시하게만 보이는 일상을 딛고 나서야 비로소 피어나는 바로 그 무엇, 사랑이다. 그제서야 사랑인 것이다.

루쉰의 유일한 연애소설인 『죽음을 슬퍼하며』는 이런 의미에서 연애소설이 아니다. 혁명적이라는 것이 무엇인가와 우리는 어떻게 살아야 하는가에 대한 삶의 방향성에 대한 소설이다. 이 소설은 1924년 쓰기 시작했지만, 쉬광핑과의 사랑이 무르익던 1925년에 발표됐다. 그 일 년은 루쉰에게 어떤 시간이었을까. 우리 모두의 삶에서 그런 일 년은 또 어떤 시간들일 것인가. 루쉰의 연애소설이 유일한 건 썩 잘 된 일이다. 백 마디가 필요 없다. 이걸로 됐으니까.

이쯤에서 마침내 사랑은 그 헐벗음을 벗고
본연의 자유를 찾는다. 무엇이 사랑이다가
아니라 무엇도 사랑이다. 인간은 자신들의
삶을 사는 동안, 몇 번의 비극적 사건과 행복한
사건들을 만난다. 때로는 상실감에 절룩거리고,
때로는 행복감에 가슴 떨린다. 그리고 그보다 더
많은 그저 그런 순간들을 만난다.
그것이 무엇이든 삶이다.

1936년 너의 이름은

루쉰vs루쉰

여자가 벌거벗고 누워있다. 한쪽 팔로 얼굴을 살짝 가리고 고개를 옆으로 돌리고. 주변은 무성한 화초다. 다리 아래로 굵은 똬리가 보인다. 뱀이다. 뱀은 사과를 입에 물고 여자를 향해 고개를 빳빳이 세우고 있다. 그것을 보는 여자의 곁눈질이 고혹적이다.

그림 얘기다. 이것은 1936년 상하이 따루신춘 9호 이층 방에 걸려 있는 목판화에 대한 묘사다. 그림은 이것 말고도 두 개나 더 있었다. 목욕하는 여자와 머리를 풀어헤친 여자. 혼자 사는 젊은 청년의 방인가 싶지만 아니다. 방주인은 루쉰. 우리가 아는 그 루쉰이다.

우리가 아는 루쉰은 전사, 고독, 혁명, 문학가의 이미지다. 그는 당시 혼란에 빠진 중국을 위해 다른 것에는 곁눈질도 하지 않는 철저한 "정신계의 전사"였다. 그의 평생은 표류하는 중국이라는 공간과 그 속에 사는 중국인을 위한 투쟁의 글쓰기에 바쳐졌다. 그런데 지금, 상하이의 이층 방은 비밀스럽다. 나체의 여인들이 걸려있고, 그는 '그녀'가 자주 오기를 기다렸다.

받쳐 입은 치마색이 잘못 되었어. 빨간 윗옷이 안 예쁜 건 아니고, 빨간 윗옷에는 빨간 치마를 입어야지. 그렇지 않고 검정 치마나 커피색을 입

으면 안 되지. 이 두 가지 색은 빨간 치마하고 같이 놓으면 영 아니지…
마른 사람은 검정색 치마를 입으면 안 되고, 뚱뚱한 사람은 흰색 치마를
입으면 안 되지. 다리가 긴 여자는 검정색 구두를 신어야 하고, 짧은 여
자는 흰색 구두를 신어야 해. 뚱뚱한 사람은 체크무늬를 입으면 어울리
지 않지만, 가로줄 무늬를 입는 것보다는 낫지.
- 『인간 루쉰 下』, 사회평론, 571쪽 인용

이것은 의상 코디네이터의 말도, 패션 잡지를 앞에 둔 여자들의
말도 아니다. 이것은 루쉰의 말이다. 1936년 즈음의 루쉰은 놀랍게
도 이런 말도 하고 살았다. '놀랍게도'라는 부사는 불가피하다. 놀라
움은 두 번 온다. 처음은 패션 센스 자체에서, 다른 한번은 이런 말을
하는 주체인 루쉰에게서. 그렇다면 이 말의 대상은 누구인가. 그것은
지금 막 빨간 윗옷을 떨쳐입고 유쾌하게 조언을 구하는 그녀, 샤오홍
이다. 아직 그만 놀라긴 이르다. 방금 전까지 같이 있었던 샤오홍이
방에 다시 들어오자 루쉰은 말한다. "오랜만이군, 정말 오랜만이야."
'오랜만'은 물리적 시간을 가리키는 게 아니었다.

복숭아색이거나 피치이거나 혹은

이제 사랑이라는 말을 꺼내보자. 사랑이라는 말을 꺼내는 것에 주저
하게 되는 것은, 사랑을 부정하는 것도, 사랑이 부재하다고 믿기 때문
도 아니다. 그것은 사랑이라는 말에 자주 실망해서다. 실망하는 이유

는 사랑의 이데아에서 못 벗어나기 때문이다. 특히 남녀 간의 사랑에 대한 이데아는 하나의 진리처럼 우리 안에 박혀 있다. 사랑의 이데아에 하나 더 붙어 있는 것은 죽어라 떨쳐지지 않는 나라는 환상이다.

사랑은 모름지기 이래야 한다는 '이데아'와 사랑을 하고 있는 '나'에 대한 끊임없는 계산이 사랑을 방해한다면, 이데아를 지우고 나를 지우면 사랑에 더 이상 실망하지 않을 수 있다. 문제는 이데아를 지우고 나를 지우는 일이 쉽지 않다는 것이다. 그 불가능할 것 같은 일을 가능하게 만드는 단 하나의 무엇이 있다면, 자신의 느낌에 충실하는 것밖에 없지 않을까. .

루쉰은 당시 어려움에 처한 혁명가 부부를 자신의 아래층에 살게 한다. 남편이 먼저 일본으로 떠난 후, 샤오훙이 루쉰에게 느낀 것이 무엇인지 우리는 알 수 없다. 평전은 팩트를 기반으로 집필하지만 팩트는 역사와 같아서 역사로 기술된 것 아래 흐르고 있는 비역사적 진실에 대해서는 말할 수 없다. 팩트가 가진 의외의 맹점이다. 그녀가 루쉰에게 느낀 감정은 어쩌면 편안함과 자애로움일 것이라고 상상은 할 수 있지만 모르는 일이다. 루쉰이 그녀에게 느낀 감정도마찬가지다.

루쉰은 그녀가 예뻤을지도 모르겠다. 그녀의 말투와 몸짓, 활발함 속의 우울한 정서까지. 루쉰은 자신이 무슨 옷을 입고 있는지조차 무관심한 정도의 사람이다. 그러나 샤오훙에게는 달랐다. 그녀가 무슨 옷을 입고 있는지, 어떤 신발을 신고 있는지 정확히 기억하고 이야기했다. 복숭아색 머리끈 사건은 루쉰이 얼마나 샤오훙에게 빠져 있었는지를 잘 보여준다.

어느 식사 자리에 참석하기 위해 준비를 하다가, 샤오훙이 쉬광핑에게 머리를 묶을 천이나 비단 끈을 찾아달라고 했다. 쉬광핑은 여러 종류의 천을 가지고 왔는데, 둘이 함께 고른 것은 미색이었다. 쉬광핑은 장난을 치듯 복숭아색을 샤오훙의 머리에 얹어놓고는 유쾌하게 말했다. *"예쁘다. 정말 예쁘네!"* 흡족해진 샤오훙은 루쉰 쪽을 바라보며 한번 봐주기를 기다렸다. 눈길을 돌려 바라보던 루쉰은 화를 내면서 눈꺼풀을 내리 깔고 말했다. *"사람을 가지고 장난치면 어떡해요!"*
- *『인간 루쉰 下』, 사회평론, 572쪽 인용*

뭔가 마음 찡하다. 이 장면은 귀엽기도 하고 코끝이 새큰거리기도 한다. 귀여운 느낌은 루쉰이 눈을 내리깔고 화를 내는 그 마음을 알 것 같기 때문이다. 쉬광핑의 장난은 장난도 아니었다. 그런 대수롭지 않은 장난조차 허락하고 싶지 않은 소중하고 귀한 존재. 그 마음을 알아차린 자신에 대한 수줍음이 화를 내는 것으로 나타난 것이다. 이것은 코끝 새큰거림으로 이어진다. 코끝 새큰거림의 이유는, 이들을 바라보는 쉬광핑 때문이거나 이 마음을 가진 중년의 루쉰 때문이거나 이 장면의 느낌이 복숭아색이거나 혹은 피치로 우리의 마음을 물들이기 때문이다.

느낌은 이데아와 나를 부순다. 사랑하거나 사랑하지 말아야 한다는 모든 도덕과 당위의 틈새를 비집고 새어 나온다. 일생을 믿어 온 이러저러한 나라는 이미지에서 뭐라고 명명할 수 없는 어떤 나에 대한 감각이 튀쳐나온다. 눈을 내리깔고, 얼굴을 붉히고 화를 내고, 예쁘다고 느끼고, 찰나의 헤어짐도 오랜만이라고 말할 수밖에 없게 되는 모든 순간, 세상 어디에도 없던 존재가 세상 어디에도 없는 세계와 조우하는 순간이다.

이걸 열정이라고 해두자. 사랑이라고 하는 거나 열정이라고 하는 거나 말이 무슨 상관일까. 루쉰의 순수한 열정은 마지막 순간까지 빛을 더했다. 1937년 7월, 일본으로 떠나는 샤오훙을 향해 루쉰은 다만 이렇게 말한다. 하긴 달리 무슨 말을 하겠나 싶다. "부두에 도착할 때마다 검역관이 올라올 것이네. 하지만 걱정할 건 없고… 심부름꾼이 아마 '검역관이 옵니다'라고 알려 줄 거야."

1937년 7월이면 죽기 3개월 전이다. 그는 자신의 죽음을 예감하고 있었다. 지금 가면 다시는 못 볼 마지막 사랑에게 그는 덤덤히 이렇게 말해 준다. 검역관이 올라와도 걱정하지 말라고. 심부름꾼이 다 알려준다고. 이보다 더 절절한 말이 어디 있을까. 생의 마지막 순간일지도 모를 이별의 순간, 마음 속 비밀스런 연인에게 하는 인사는 '사랑해'도 '좋아 했었어'도 '보고 싶을 거야'도 아닌 먼 여행에 그녀가 놀랄까 봐 일러주는 사소한 주의할 점이었다.

사람, 사랑

이쯤에서 마침내 사랑은 그 헐벗음을 벗고 본연의 자유를 찾는다. 무엇이 사랑이다가 아니라 무엇도 사랑이다. 인간은 자신들의 삶을 사는 동안, 몇 번의 비극적 사건과 행복한 사건들을 만난다. 때로는 상실감에 절룩거리고, 때로는 행복감에 가슴 떨린다. 그리고 그보다 더 많은 그저 그런 순간들을 만난다. 그것이 무엇이든 삶이다. 느껴지는 모든 순간이 사랑이고 느껴지는 모든 사건이 삶이다.

어떤 일이든 누구에게든 가리지 않고 닥칠 일은 닥쳐온다는 삶의 무구함 앞에서 무력해지는 게 인간이다. 하지만 인간의 의지로는 아무 것도 할 수 없을 것 같은 순간들을 회피하거나 기만하지 않고, 그것을 오롯이 살아낼 수 있는 힘은 인간의 무구함이다. 삶의 무구함은 다른 말로 우연성이다. 그 우연성과 대면하는 인간의 무구함에 대한 긍정은 느끼는 능력에서 나온다. 중국에 대한, 그 속에서 살아가는 중국인에 대한, 그러니까 사람에 대한 느낌들을 느낄 줄 아는 생명 본연의 힘. 그 힘에 대한 긍정이 전사 루쉰도, 무어라 이름 붙이지 못할, 아니 무어라 이름 해도 좋을 1936년의 루쉰도 가능하게 했다. 요즘 내가 만난 루쉰은 그랬다.

어떤 이야기든 이야기는 자신에게 더 유리한
방식으로 해석될 수 있다는 것. 이야기의 매력은
그 이야기의 한계를 경계로 만드는 지점에 있다.
백이숙제 이야기의 한계는 경계로 바뀐다.
그렇게 옛 이야기는 여러 번 새로 쓰인다.
한번은 루쉰에 의해, 한번은 우리에 의해.

어떤 이야기가 더 마음에 드십니까?

서사는 이야기다. 국어시간에 배운 기억에 의하면 이야기를 구성하는 것은 인물, 사건, 배경이다. 언제부턴가 이야기를 구성하는 세 가지 구조가 지겨워졌다. 어떤 인물이 등장하고 그 인물이 사건을 만나고, 그것을 둘러싼 이러저런한 상황들이 펼쳐지다 작가가 깔아둔 복선을 서서히 감지하며 어떤 결론에 도달하고. 이런 프로세스가 뻔하게 느껴지는 것은 여기에 입체감이 없기 때문이다.

서사는 시간론이다. 일정 시간에서 다른 일정 시간으로의 흐름을 따라 이야기가 전개되어 가는 방식이다. 아무래도 입체적인 느낌이 안 든다. 이야기의 소재가 아무리 신선하고 판타지스러워도 이런 서사 안에 있으면 진부해진다. 영상과 달리 글이라는 매체가 가진 평면적 한계 때문인가.

백이숙제 이야기

사람 이름이 제목인 이야기에는 공통점이 있다. 제목이 곧 그 이야기의 성격을 결정짓는다고 봐도 무방하다. 백이숙제 이야기 역시 백이와 숙제라는 사람들의 캐릭터가 가져 올 운명의 행로를 대강 짐작하게 한다. 복잡하고 뒤엉킨 복선이 없던 옛이야기인 고사(古事)의 방식이 주로 인물 중심의 이야기인 이유다.

　이럴 때 서사는 한 줄로 요약된다. 백이와 숙제가 왕위를 버리고 고사리만 캐먹다 죽은 이야기. 이 이야기를 위해서는 중국의 머나먼 고대가 필요하다. 이들이 살았던 시대는 기원전 11세기 중국의 주나라. 천 년도 더 지난 이야기다. 이 인물들의 캐릭터를 살펴보면 우선, 백이의 백(伯)과 숙제의 숙(叔)에서 백은 장남을 숙은 막내를 뜻한다. 이를 통해 짐작해볼 수 있는 것은 이것이 형님과 아우의 이야기라는 것. 알고 보면 이들은 그냥 형제가 아니라 고죽국이라는 작은 나라의 왕자들이라는 것. 그리고 이들이 그냥 형제지간인 왕자가 아니라 의로운 형제이기까지 하다는 것이다.

의로운 백이숙제 이야기

사마천의 『사기』에 의하면 이들의 의로움은 감동적이다. 의로움의 핵심 내용은 두 가지다. 왕위를 서로 양보하다 둘째에게 왕위를 넘겨주고 자신들은 그에게 피해를 줄까 봐 다른 나라에서 살게 됐다는 점. 때 마침 주군으로 모시던 은나라를 치러가는 무왕을 만나 말고삐를 잡고 말렸다는 점이다. 왕위를 양보한 것도 쉽지 않은 일인데 무왕의 말고삐를 잡고 늘어진다? 무왕이 누군가. 당시 타락한 은나라를 치기 위해 새로운 세력으로 등장한 젊고 유능한 신흥국가 주나라의 왕이다. 기세등등한 그들 앞에 이 나이 많은 노인들이 호통친다. 신하로서 주군의 나라를 친다는 게 말이 되는 일이오?

의로움의 두 번째 내용을 계속 보자. 좌절한 이들이 더러운 속세를 떠나 들어간 곳이 수양산이다. 백이숙제는 왕위를 찬탈하는 주나라 무왕의 무도함을 피해 산에서 고사리만 캐먹다 죽는다. 의로움에도 전형적인 게 있다면 이런 것이다. 왕위 때문에 벌어질 싸움을 미연에 방지하기 위해 자기 나라를 떠나온 자들이 신하로서 충절을 지키기 위해 한 치의 타협도 없이 깨끗하게 살다 죽다!

이제 서사는 한 줄 더 보태진다. 백이숙제가 왕위를 버리고 고사리만 캐먹다 죽은 '의로운' 의인들의 이야기. 이제 백이숙제 이야기는 그것을 듣고 해석하는 자에 의해 완성된다. 천 년 전의 이야기에서 팩트를 따지는 것은 무의미하다. 이글은 사마천의 『사기』를 폄하하기 위함도 아니다. 역사에 근거한 이 해석을 듣는 사람에게 이 이야기를 믿을 것인지 말 것인지를 선택하게 만드는 계기들이 궁금하다.

또 다른 백이숙제 이야기

어느 날, 그들 두 사람은 구운 고사리를 먹고 있었다. 고사리를 쉽게 찾아낼 수 없었으므로 이날의 점심은 오후에 가서야 먹게 되었다. 그런데 갑자기 스무 살 가량의 여자가 찾아왔다. 전에 본 적이 없는 여자였다. 외모로 보아 부잣집 하녀인 듯했다.

"어르신들 식사하세요?" 그녀가 물었다.
숙제가 얼굴을 들고 급히 웃는 낯을 하며 고개를 끄떡였다.

"요게 뭔데요?"

"고사리" 백이가 말했다.

"왜 이렇게 변변찮은 걸 드세요?"

"우리는 주나라의 곡식을 먹지 않기 때문에…"

백이가 말을 꺼낸 순간 숙제는 급히 눈짓을 했다. 그러나 그 여자는 매우
영리한 듯 벌써 알아들은 것 같았다. 그녀는 잠시 냉소를 짓더니 이내 정
의롭고도 늠름하게 단도직입적으로 말했다.

"'무릇 하늘 아래에 임금의 땅이 아닌 곳이 없다' 했으니, 당신들이 먹고
있는 고사리는 우리 성상 폐하의 것이 아니란 말인가요?"

- 『새로 쓴 옛날 이야기』, 「고사리를 캔 이야기」. 그린비, 352쪽 인용

    왕위를 양보하고 들어간 양로원은 영 신통찮았다. 점점 소화가
안 되는 노인들에게 딱딱한 전병은 무리였다. 사람들의 소란스러움
도 힘들었다. 더구나 무왕이 은나라를 치는 데 성공해서 이곳 역시
주나라 땅이 되었다. 불인이자 불효인 이 땅에서는 더 이상 살 수 없
었다. 그들은 결심한다. 우리는 주나라의 곡식을 먹지 않겠다.

    어찌어찌 들어간 수양산은 더 힘들었다. 백이숙제를 힘들게 한
것은 고사리만 캐 먹는 신산스러움이 아니었다. 그들을 힘들게 한 것
은 소문이었다. 주변의 아이들이나 나무하러 온 나무꾼들에게 자신
들의 이력을 얘기했던 것이 사단이 난 것이다. 산 아래 사람들은 의
인들이 왔다며 그들을 구경하러 오고, 그들의 일거수일투족은 악플
이 되어 돌아다녔다. 마을 사람들의 구경거리는 그들이 고사리 캐는
모습과 그것을 어떻게 먹는지, 왜 이렇게 됐는지 그간의 사정을 꼬치

꼬치 캐묻는 것이었다. 대답이 자신들에게 조금이라도 거슬리면 '성깔 더럽다'는 욕을 피할 수 없었다. 소문을 들은 마을의 지체 높은 양가 규수나 마나님들까지 다녀갔지만, 돌아가서 하는 말은 '흉물스런 것들'에게 속았다는 뒷담화뿐이었다.

백이숙제는 결정적인 순간을 맞이한다. 분명 자기 주인에게 주워들었을 문자를 그들에게 옮기던 맹랑한 하녀 아금이가 다녀간 후 20일. 백이숙제는 동굴에서 웅크린 채 주검으로 발견된다. 또 한바탕의 소문이 돌았다. 바보 같은 것들이 평소 화를 자주 냈으며, 이번에도 화를 못 참고 끼니를 끊고 굶어죽은 것이라고. 혹자는 아금을 야박하다고 비난했으며 혹자는 영리한 여자라고 탄복했다.

루쉰의 「고사리를 캔 이야기」는 백이숙제 이야기의 해석에 대한 해석, 이야기의 이야기인 백이숙제의 또 다른 버전이다. 루쉰 버전의 이야기를 다 읽고 나면 찜찜함이 뒤에 남는다. 백이숙제 이야기의 일반 버전 앞에서 루쉰은 우리에게 이런 질문을 던졌다. 이 이야기를 믿을 것인가 말 것인가. 그는 고사(古事)를 믿음의 문제와 해석의 문제 두 가지로 보았고, 그 갈림길에서 해석의 문제를 선택했다. 고사나 역사를 무조건 믿지 말고 이면을 볼 것. 기존의 해석을 최선을 다해 의심할 것. 풍자는 기존의 해석을 뒤집는 루쉰의 방법론이었다.

루쉰 버전의 백이숙제를 한 줄로 요약하면 우리가 아는 백이숙제 이야기를 믿을 것인가 해석할 것인가의 문제다. 기존의 가치에 질문을 던지고 무엇을 선택한다는 것은 세상을 보는 더 유리한 방식일 것이다. 믿지 않고 다르게 해석함으로 루쉰은 옛이야기의 신성함을 해쳤을까. 그렇지 않다. 루쉰은 끝까지 우리를 안심시키지 않는다. 이 이야기의 마지막은 루쉰에 의해 또 한 번 뒤집힌다.

백이숙제 그 후

이야기를 듣던 사람들은 끝에 가서 안도의 한숨을 깊이 내쉬었다. 왠지 자기 어깨도 적잖이 가벼워지는 느낌이 들었다. 설사 이따금씩 백이, 숙제 생각이 떠오를 때도 있었지만, 꿈길처럼 어렴풋이 떠오르는 광경은, 그들이 석벽에 웅크리고 앉아, 흰 수염이 드리워진 큰 입을 벌리고 죽어라 사슴고기를 뜯어먹고 있는 것을 보는 듯한, 바로 그것이었다.

- (같은 책, 355쪽 인용)

매우 영리한 하녀 아금이 전한 후일담은, 이들은 자기의 말 때문에 굶어죽은 게 아니라 탐욕 때문에 죽었다는 것이다. 하늘이 이들을 불쌍히 여겨 하사한 사슴 젖을 먹던 백이숙제가 젖을 먹으면서도 사슴을 잡아먹을 생각을 하고 있는 걸 밉살스럽게 생각한 하느님이 사슴을 사라지게 만들었다는 이야기.

루쉰은 이 말이 하고 싶었던 거다. 이 이야기를 들은 마을 사람들은 백이숙제에 대한 죄책감을 말끔히 털고 안도의 한숨을 내쉬게 된다. 사람들은 백이숙제 이야기에 원본이라는 오리지널리티를 부여했고 루쉰은 그것에 이의를 제기했다. 그것도 민중 중의 민중인 하녀 아금의 입을 통해서. 루쉰은 민중 스스로가 원본을 뒤집는 존재일 뿐만 아니라 백이숙제라는 의인의 원형에서 벗어나고 싶어 하는 것일지도 모른다고 생각했다. 마지막 사슴 이야기는 그런 민중들의 마음을 대변하는 것이자 그런 민중들을 꼬집는 장치이기도 하다.

서사가 뻔하게 느껴지지 않는 이야기의 매력은 그 이야기의 한계를 경계로 만드는 지점에 있다. 과거에 현재를 리믹스하고, 고사를 시사로 만들며 우리를 긴장감으로 붙들어 맨다. 이 소설집 이름이 '새로' 쓴 옛날이야기인 것은 그런 이유에서다. 그렇게 옛 이야기는 여러 번 새로 쓰인다. 한번은 루쉰에 의해, 한번은 우리에 의해.

조국의 딸과 같은 세대의 자녀를 가진 당시
우리에게 특목고의 유혹은 성공을 향해 가는
마스터키였다. 이 말은 반드시 특목고에
아이를 보내야 되었다는 것을 의미한다.
결과적으로 말하자면 나는 두 가지
모두 실패했다.

노바디 노바디

나는 강남 아줌마다?

가끔씩 이런 제목을 쓰고 나면 묻고 싶다. 강남이란 무엇이고 강남 아줌마와 강남 아줌마 아님을 가르는 기준은 무엇일까. 강남에 산다고 강남사람인가. 아니면, 강남적 욕망을 가진 모든 사람이 강남사람 인가. 그러나 다음에 생각하자. 지금은 조국 때문에 마음이 부산스럽다. 그렇다. 조국 때문이다. 그 사람 때문에 나라가 시끄럽기도 하지만 내 마음이 더 시끄럽다. 왜냐하면 조국 딸이 밟았던 과정은 나와 내 이웃인 강남 아줌마들이 바라마지않던 코스였기 때문이다.

조국의 딸과 같은 세대의 자녀를 가진 당시의 우리에게 특목고의 유혹은 성공을 향해 가는 마스터키였다. 이 말은 반드시 특목고에 아이를 보내야 되었다는 것을 의미한다. 목적이 분명하니 그 목적을 향해 가는 코스 역시 분명해졌다. 초등학교나 중학교 때 조기 유학을 보낼 것. 글로벌 전형으로 특목고에 입학하면 교수들이 주최하는 캠프나 각종 논술대회에 보내 수상경력을 쌓을 것. 결과적으로 말하자면 나는 두 가지 모두 실패했다. 일단 조기 유학을 못 보냈기 때문이다.

조기 유학을 보내려면 부모 중 누군가 교수가 아니라면 기러기 생활을 감수해야 했는데 그게 쉽지 않았다. 이것도 저것도 쉽지 않자 개중에는 초등학생인 아이만 외국에 보내는 집도 종종 있었다. 그런

137

집 엄마는 현지 가디언으로부터 가끔씩 아이가 밤에 벽을 긁는다는 소식을 들어야 했다. 벽을 긁는 아이 때문에 눈물짓다가 아이의 장래를 위해 이를 악무는 날들이 정도의 차이를 가지고 저마다의 집에서 반복됐다. 대치동 학원가로 고액과외 선생한테로.

조국의 딸 문제는 두 가지에서 시작됐다. 고등학생 신분으로 교수의 논문 제1저자에 버젓하게 등재됐고 성적도 안 되는 데 장학금을 받으며 명문대를 다닌 것이다. 이것에서 시작된 조국 문제는 그가 장관이 되는 것과 상관없이 돌이킬 수 없어 보인다. 부모 중 한명이 동반하지 않은 조기 유학이 법적으로 금지된 시기에 딸을 유학 보낸 것에서부터 입만 열면 정의와 개혁을 말하던 기만적 태도에 이르기까지, 그는 이제 명실상부 악이 되었다.

물에 빠진 개와 조.적.조

더구나 흥미롭게도 이번 사건과 더불어 옛날 조국과 지금 조국의 비교가 한창이다. 과거의 조국이 했던 말이 그대로 지금의 조국에게 부메랑처럼 돌아와 조국을 치고 있다. "물에 빠진 개"에 대한 말도 그중 하나다. 물에 빠진 개는 루쉰이 자신의 싸움의 대상을 지칭하던 말이다.

루쉰은 「'페어플레이'는 아직 이르다」에서 물에 빠진 개는 몽둥이로 때려야 한다고 말했다. 다소 과격한 그의 표현에 놀라는 것도 잠시, 그의 글을 계속 읽다보면 왜 그랬는지 알게 된다. 물에 빠진 게 사람인지 개인지는 물에서 나와 봐야 안다. 만약 사람이라면 자신이 한 짓을 반성하며 살 것이고, 개라면 개의 특성상, 헤엄쳐 땅위로 올라오면 물에 빠뜨린 사람을 문다. 물지 않는다 해도 하다못해 몸에 묻은 물방울이라도 한바탕 턴다. 그러니 물에 한번 빠졌으니 정신 차리겠지라는 어리숙한 생각은 금물이다.

루쉰의 이런 말에 당장 이런 질문이 날아든다. 물에 빠진 개를 때리다니 너무 불쌍하지 않나요? 그렇게 마음에 걸린다면 물에 빠진 개가 언덕으로 기어 올라온 다음의 태도를 주시하면 된다. 과거의 이런 경험을 뒤져 기억도 해야 한다. 도의에 의해 물에 빠진 개를 살려둔 결과 권력자에게 붙고 권력에 붙어 갑자기 우리의 뒤통수를 가격했던 수많은 개들의 예를.

남이 나에게 잘못해도 따지고 다투지 않는다는 것은 서도이고, 눈에는 눈, 이에는 이는 직도이다. 서도는 관용의 도이며 직도는 직접적인 도, 복수다. 중국과 같은 문화권에서 흔한 것은 왕도(枉道)인데 이것은 왜곡하는 도다. 물에 빠진 개를 때리지 말아야한다는 도가 왜곡하는 도인 이유는, 불쌍해서 살려준 뒤 살려준 그 사람이 개에게 물리기 때문이다. 그래서 이 말은 그 개에게 물려본 다음에는 할 수 없는 말이다.

과거의 조국이 지난 정권에게 한 말인 "물에 빠진 개는 몽둥이로 때려"서라도 악의 뿌리를 뽑아야 한다는 말은 현재의 조국 자신에게 돌아와 조국의 적은 조국이라는 웃지 못 할 신조어를 낳았다. 불안정한 정국이 끼치는 수많은 폐해들 중 하나는, 나쁜 사람은 거리낌 없이 나쁜 짓을 하고 실족해서 물에 빠지면 갑자기 동정을 구걸한다는 점이다. 그러면 또, 털어서 먼지 안 나는 사람 없다며 잊어주곤 하는 것이다. 동정을 구걸하면 그나마 측은지심이라도 발동하는 게 인지상정인데 조국은 사과의 말조차 당당하다. 그의 당당함에는 그 나쁜 짓이 명백히 합법의 이름으로 횡행된다는 데 있다.

'페어플레이'는 아직 이르다

조국은 말한다. 자기는 '페어'했다고. 위법을 저지른 게 아니라고. 그러나 우리의 근현대사에서 언제 페어한 적이 있었던가. 백번 양보해서 다른 모든 분야에서 페어플레이가 인정된다 해도 교육에 있어서만큼은 페어플레이는 아직 이르다. 이미 출발선이 다르다는 점에서 사람들은 조국과 조국 아닌, 으로 나뉜다.

고백하건데 나는 조국을 욕 못 하겠다. 만약 내가 조국과 같은 상위 1%에 속한 사람이었다면 나는 분명 조국과 같은 방법을 취했을 것이다. 조국과 나의 차이점은, 조국은 너무도 '스무스하게' 이룬 과정들을 나는 엄한 '쌩돈'을 들여가며 발버둥 치다 실패했다는 것뿐이다. 그러니까 더더욱 조국을 봐주지 말자고? 그럴 수 없다. 이건 명백히 조국 하나를 처단하는 문제가 아니라 철저하게 합법적으로 그때의 제도를 따라 했던 내 자신과 지금도 떨고 있을 여, 야당 인사 모두를 향한 것이어야 한다.

그래서 봐주자고? 역시 그럴 수 없다. 과거의 많은 "물에 빠진 개"를 청산하지 못해 아직도 반복되고 있는 이 나라의 이 역사적 딜레마를 가뜩이나 힘든 우리의 아이들에게 하나 더 보태줄 순 없다. 하루아침에 교육을 뒤바꿀 수도, 어디부터 어디까지가 잘못된 건지 정확히 가려내 목을 칠 수도 없다. 그렇다면 어떻게 해야 하나.

노바디 노바디

조국의 사태는 강남 아줌마인 나에게 여러 가지 감정의 방아쇠를 당겼다. 조국을 비난하거나, 조국을 은근 부러워하거나, 조국처럼 못 해줘서 미안하다거나. 여러 말들이 여러 얼굴을 하고 들이닥쳤다. 루쉰의 말은 뼈아팠지만 누구나 자기만의 상황이 있는 거라는 생각도 슬며시 들었다.

그러던 중 김영하의 『여행의 이유』를 읽다가 조국의 예와 맞아떨어지는 부분을 발견했다. 고대의 영웅 오딧세우스의 이야기는, 자신의 꾀와 지혜에 넘어가 역경과 고난을 겪는 부분과 그것을 딛고 고향인 이타케로 돌아가는 여정을 그린 서사시다.

오딧세우스는 트로이 전쟁의 영웅이자 위대한 아가멤논의 백성이고 제우스가 뺙인 사람이다. 한마디로 '나 이런 사람'이다. 머리 좋고, 위대한 혈통에다가 나를 밀어주는 배경도 든든하고 뭐 하나 거리낄 게 없는 사람인 오딧세우스가 목숨을 잃을 뻔한 사태에 빠지는 것은 바로 이런 자만과 허영심 때문이었다. 자기의 지략만 믿고 괴물을 건드려 목숨을 잃을 뻔한 절체절명의 순간 괴물이 묻는다. 왓츠 유어 네임. 오딧세우스가 답한다. 노바디 Nobody. 그를 구원한 것은 다름 아닌 너의 이름이 뭐냐고 물은 괴물의 물음에 대한 답, 노바디 Nobody 바로 '아무도 아닌 자'라는 대답이었다.

평생을 썸바디 Somebody인 '오늘 밤 주인공은 나야 나'로 살아온 오딧세우스가 스스로를 낮추고 아무도 아닌 노바디가 되는 순간 그는 괴물에게 도망쳐 살아나오게 된다. 그것도 잠시, 그 뒤에 다시 방만해진 오딧세우스는 죽을 고생을 하게 되며, 집으로 돌아가기까지 무려 10년이라는 세월이 필요했다.

스스로도 썸바디로 살고 싶었고, 아이들도 썸바디로 키우고 싶었던 우리의 욕망은 조국 사건으로 인해 우리의 페어하지 않음을 인정할 수밖에 없게 됐다. 오늘 청문회를 치른 조국-오딧세이와 나를 포함한 이 땅의 수많은 성연-조국-오딧세이들이 썸바디의 욕망을 넘어 노바디로 살 수 있을까. 물에서 빠져 나와 슬며시 다시 성연-조국-오딧세이의 모드로 돌아가려 할 때, '물에 빠진 개'와 '노바디'를 생각해 내야 할 텐데.

'나 이런 사람이야'에서 '아무 것도 아닌 사람'이 되는 순간 우리는 다른 존재가 된다. 강남에 살면서 소박하게 보인다는 소리에 으쓱했던, 다른 사람과는 좀 다르다고 생각했던, 그래서 멋진 줄 알았던 나와 결별하는 순간과의 조우. 그건 순전히 조국 덕분이다. 이런 노바디의 순간과 만나야 조국은 그가 원래 꿈꿨던 정의와 개혁의 자리에서 무엇을, 나는 내가 꿈꿨던 책과 글의 자리에서 무엇을 노바디스럽게 할 수 있는 것임을, 이젠 믿기로 하자.

달나라까지 쫓아가겠다. 단, 밥부터 먹고.
싸움의 대상은 달도 상아도 아니지만 원인은
알아봐야 하지 않겠나. 까마귀 짜장면이 질려서
인지, 늙은 남편이 싫어서인지, 혼자 즐겁게 놀고
싶어서인지. 선약을 먹고 달아난 원인을 알아야
싸움을 계속해 나갈 수 있으니까.

달나라로 도망간 이야기

고생 많았다. 이 남자. 잘 나갈 때는 열 개의 태양 중 아홉 개의 태양을 쏘아 떨어뜨리는 능력을 가진 사람이었다. 그러다 나이 들고 세상도 변하고 아는 사람한테 배신도 당한다. 먹고 살기도 힘들어져 하루 종일 사냥을 나가서 잡아오는 것은 고작 까마귀 고기다. 일 년 내내 까마귀 고기만 먹이다가 결국 아내에게 버림받는 고생 많은 캐릭터의 이 남자. 뭔가 예사롭지 않아 보이는 이 남자의 속사정이 궁금하다.

전사 아니고는 그 무엇도 아닌

활쏘기의 명수 전설 속의 이예는 왕의 특명으로 산천초목이 불타오르게 한 원인인 태양을 떨어뜨리라는 명령을 완벽하게 수행한 영웅이다. 그러다 상황이 변했다. 너무나 훌륭한 그의 활솜씨 덕분에 짐승이 죽어 나가는 통에 주변에는 사냥할 짐승도 없어졌다. 그래도 그는 여전히 예전의 사냥 도구를 버리지 않는다. 비둘기나 까마귀밖에 남아 있지 않은 현실에서 하늘의 해도 쏘아 맞춘다는 전설의 샤일궁은 가당치 않은 것이었다. 사냥 도구가 과하다 보니 짓이겨진 참새는 아내의 타박거리였다.

어떤 날은 남의 집 닭을 비둘기로 착각해 쏘았다가 노파에게 봉

변을 당하기도 하고, 까마귀라도 어딘가 싶어 찾아 헤매다 자신을 발견한 제자의 빈정거림도 들어야 했다. 상황은 이렇게 이전과 많이 달라졌지만 그는 여전했다. 가족들을 생각하면 샤일궁은 걷어치우고 사냥술을 바꾸든지 당장 돈 되는 직업을 찾아봐야 하는 건데, 과거 영웅 이력이나 회상하고 잘 나가던 때를 추억하는 게 이 남자의 일이다. 어딜 보나 이예는 한물 간 전사이자 노병에 불과하다. 그러나 이것은 이예의 한 면만 봤을 때의 일이다. 한 집안의 가장이기 이전에 한 남자로 그를 본다면? 더구나 그는 전사 아닌가.

그는 평생 전사였다. 아무리 과거의 일이라 해도 타들어가는 나라를 위해 해를 떨어뜨리는 일은 이예만이 할 수 있었다. 시대가 변하고 상황이 달라졌다 해도 그의 활과 사냥술은 충분히 유효했다. 그는 언제나 전사였으며 여전히 전사다. 천생 전사이자 평생 전사로 살았다면 전사의 삶을 포기할 수 있을까. 그럴 수는 없을 것이다. 비록 까마귀 고기만 먹게 된대도.

눈치챘겠지만, 이예의 이야기는 루쉰과 루쉰을 둘러싼 당시 중국의 상황이다. 이 소설을 쓴 1926년은 루쉰에게 중요한 해였다. 베이징 여사대 사건을 시작으로 3,18사건에 대한 글들을 발표하면서 샤먼으로 떠나왔지만 마음 편한 곳은 어디에도 없었다. 몇 번의 싸움 끝에 국민 싸움꾼으로 등극했지만, 어디까지나 지식인 그룹에 한해서였다.

당시 중국 사회는 실질적으로 변한 게 없었다. 신해혁명이 성공하고 신문화 운동이 진행되고 있다 해도 위정자의 자리만 바뀌었을 뿐, 그들은 자신들의 이익 추구에만 바빴다. 그런데도 사람들은 혁명으로 세상이 변했다는 것을 믿으며, 가짜 혁명을 믿고 가짜 영웅들에 환호를 보냈다. 소설 속 봉몽으로 등장하는 인물은 실제 루쉰의 제자였다가 돌아선 사람이다. 그는 연일 자신의 칼럼과 비평에서 루쉰을 일러 "훌륭하지는 못하면서 용감하게 싸우는 전사"로 전락했다고 평했다.

훌륭한 전사되기는 어렵다. 그러나 훌륭하지 못하면서 용감하게 싸우는 전사가 되기는 더 어렵다. 그 어려운 일을 이예는 할 수밖에 없다. 전사는 훌륭한 업적을 남기던 그렇지 않던 간에 싸우는 사람이기 때문이다. 전사이기만 한 사람. 전사가 아니면 아무 것도 아닌 사람. 난감하고 아름다운 이 사람, 이예의 여전한 삶이다.

달도 상아도 아닌

안 좋은 예감은 왜 틀리질 않나. 노파의 닭을 죽인 대가로 떡 열 개와 바꾼 씨암탉 한 마리를 호기롭게 들고 집으로 돌아오니 아내 상아가 보이지 않았다. 집안 분위기도 이상하게 부산스러웠다. 방 안을 살펴보니 도사에게 받은 자신의 선약이 없어졌다. 이예의 심장이 쿵쿵 뛰었다. 상아가 없어졌다. 평소에도 짓이겨진 참새를 보고 불평을 하고 일 년 내내 까마귀 고기만 먹는 걸 질려하던 상아였다. 그녀가 달나라로 튄 것이다. 이예가 조용히 활을 잡았다. 분노의 화살이 달을 향해 치솟았다.

한 손에는 활을, 다른 한 손으로는 세 개의 화살을 집어 한꺼번에 날리며 바위처럼 탱탱하게 우뚝 선 모습. 눈빛은 형형하고 머리와 수

염은 바람에 날려 흡사 검은 불길 같은 웅장한 자태. 우리가 생각하는 전형적인 전사의 모습이다. 그렇다면 이런 모습은 어떤가.

> 화살이 조금의 오차도 없이 꼬리에 꼬리를 물고 날아갔기 때문에 비록 화살을 세 개 맞았을지라도, 모두 한 곳에 박혀야만 했다. 그런데 그의 마음속에 잡념이 들어 있기 때문 화살을 당길 때 손이 약간 떨렸다. 화살은 달 표면에 세 곳으로 나뉘어 박혔으며 세 곳 모두 상처가 났다.
> - 『새로 쓴 옛날이야기』, 「달나라로 도망친 이야기」, 그린비, 291쪽 인용

전사는 하늘의 달을 쏘아 떨어뜨리는 사람이기보다는 명중 직전, 약간의 손이 떨리는 사람이다. 자신의 떨리는 손을 보며 그 잡념이 무엇인지 아는 사람이다. 목표가 무엇인지 무엇을 위해 싸우고 있는지 다시 한 번 생각해보는 사람이 전사다. 전사의 손을 떨게 한 잡념은 달을 쏘아버리겠다는 분노의 마음도, 달나라로 도망간 상아를 향한 미움도 아니었다. 자신이 싸우는 대상이 누구인지 떠올랐기 때문이다. 싸움의 대상은 달도 상아도 아니다. 그가 싸워야 할 대상은 상아로 하여금 선약을 먹고 달아나게 만든 생각과 욕망이었다.

싸움은 계속된다. 명성은 도둑맞고 동료들은 변했다. 끝없는 이 싸움이 치졸하게 느껴지는 것은 싸움을 계속 하다보면 개인과 개인의 싸움으로 흘러가기 쉽기 때문이다. 싸움의 대상은 개인이 아니다. 개인의 잘못도 아니다. 최선을 다해 의심해야 할 것은 끝없이 선약을 훔쳐 먹고 도망가게 만드는 무엇에 대해서다. 이것이 활을 잡은 전사의 손이 떨릴 때 우리도 같이 덜컹, 하는 이유다.

밥 먹자

달을 쏘는 일은 실패했다. 위로의 말도 분석의 말도 별무소용이다. 그런데 루쉰의 마지막 말이 재밌다.

> 그건 그리 급하지 않아. 배가 너무 고프구나. 얼른 가 닭고기 고추볶음 한 접시와 구운 떡 다섯 근을 만들어 오거라. 먹고 푹 자야겠다. 내일은 그 도사를 다시 찾아가 선약을 달래 봐야겠다. 선약을 먹고 뒤쫓아 가야겠다. 여경아. 어서 가 왕승에게 흰 콩 넉 되를 가져다 말에게 먹이라고 이르거라.
> - 같은 책, 293쪽 인용

달나라까지 쫓아가겠다. 단, 밥부터 먹고. 싸움의 대상은 달도 상아도 아니지만 원인은 알아봐야 하지 않겠나. 까마귀 짜장면이 질려서인지, 늙은 남편이 싫어서인지, 혼자 즐겁게 놀고 싶어서인지 선약을 먹고 달아난 원인을 알아야 싸움을 계속해 나갈 수 있으니까. 이예가 질긴 증오의 마음으로 끝까지 쫓아가려는 건 아닌 것 같다. 한 번의 혁명, 한 번의 싸움이 아닌 앞으로도 계속될 전사의 일상을 위해 계속될 일상으로서의 그런 밥이 중요하다. 이때의 밥은 어떤 태도다. 한 번이 아니라 계속 싸워야 하는 것을 아는 전사라는 삶의 기술.

달나라로 도망간 와이프를 두고 이예는 슬픔에 빠지지 않는다. 그는 밥을 먹는다. 루쉰도 밥을 먹는다. 우리도 밥을 먹는다. 살아서 끝까지 먹는다.

그 옆 자리의 힙하지 않은 나도 앉아 있다.
우리가 앉은 자리는 벽을 마주 보고 앉는
자리여서 고개를 들면 벽, 고개를 돌리면 남을
보게 되는 구조다. 징하다. 한 시간 가까이
있는 동안 핸드폰을 한 번도 보지 않는 사람은
나와 그 청년뿐이다.

전혀 '힙'하지 않은 글

나는 천성이 좀 게으르고 한량끼가 있어 먹고 놀면서 취미생활이나 하며 살면 되는 사람이었다. 어쩌다 책은 좋아해서 작은 서점이나 하나 하면서 읽고 싶은 책이나 실컷 읽으며 한평생을 보내면 더없이 좋겠다는 생각을 한 적도 있었다. 애석하게도 그런 생각은 동네 서점이 망해나가는 것을 지켜보면서 자연스럽게 사라졌다.

어쩐지 동네 서점을 생각하면 늘 겨울이다. 우리 집 길 건너에 있던 서점을 겨울에만 갔을 리도 없는데. 지금은 이름도 잊어버린 그 동네 서점을 생각하면 일종의 폐기될 수 없는 마음이 있다. 난로에 주전자가 끓고 있고 젊은 나이에도 흰머리가 많았던 주인아저씨와 사방을 둘러싸고 있는 책 냄새. 당시 우리 집에서 같이 살았던 이모는 초등학생이던 나를 데리고 꼭 서점에 갔다. 요즘 좋은 책 없어요? 이번 신춘문예 당선작 나왔나요? 요즘 좋은 책, 신춘문예라는 말이 뭔지도 모르면서 이모를 따라 덩달아 마음이 부풀어 오르곤 했다.

요즘 '힙'한 책

요즘 좋은 책들이 모여 있는 곳에 갔다. 그곳에는 255개의 독립출판사의 제작자들이 각자의 부스를 가지고 자신의 독립출판물들을 전시

하고 있었다. 몇 년 전부터 독립출판에 대한 얘기는 종종 들어왔는데 어쩐 일인지 한 번도 독립서점이란 곳에 가본 일이 없다. 책과 글을 가까이 한다면서 이상한 일이었다.

갑자기 어른. 유부녀가 간다. 딸의 정석. 판타스틱 우울백서. 계간 홀로. 無. 톡톡 튀는 제목들과 표지들과 일러스트들을 보자 막 신이 난다. 과거 칙칙했던 동네 서점의 이미지가 사라지고 이렇게 산뜻한 제목과 표지를 한 책들이 멋스럽게 진열돼 있는 북 스토어를 상상해본다. 난 거기서 커피 한잔을 들고 이런 책들을 진열해놓고 누군가에게 요즘 힙한 책들을 소개한다? 그런 행복한 상상으로 뱃속이 간질간질하다.

정신을 차리고 찬찬히 보자. 요즘 '힙'한 책들이라잖아. 간단한 그림만 조금 들어있는 책. 몇 문장의 글과 그림이 같이 있는 책. 사이즈도 손바닥만 한데다 종이도 갱지를 썼으며, 가내수공업으로 한 땀 한 땀 만든 책, 한 장짜리 책. 그야말로 형식파괴 내용파괴다. 어느 날 고양이가 3미터로 커지면서 벌어지는 이야기. 수영을 배우기로 결심하는 시점부터 수영복을 사러가는 길, 수영을 배우는 과정에서 일어난 일들이 지극히 사적으로 쓰여 있다. 이런 글을 써 뭐 어쩌자는 걸까 하고 조금 화가 나는 느낌이 지나가고, 한 시간 후 나는 그 시끄러운 북새통을 시무룩하게 보고 다녔다.

전적으로 '힙'하지 않은

그러니까 '힙하다'는 말은 개성이 강하고 트렌디하다는 말이다. 오늘 뭐했고 뭘 느꼈고 뭘 먹었고 하는 일련의 세세한 행위들을 알고 싶지 않아서 모든 SNS를 안 하고 있었는데 이건 SNS 게시물의 실사판이다. 모든 것이 책이 된다. 뭐라도 책이 된다. 책이 안 될, 못 될 이유는 어디에도 없다. 이들에게 책은 단지 글이 아닌 자기표현의 수단이었다.

불과 한 시간 전만 해도 이런 말들은 내게 힘이 되는 말이었다. 내 글이 책이 안 될 이유가 어딨어. 책 쓰는 사람이 따로 있나 쓴 것을 내면 책이지. 전문적인 지식도 없고 글빨도 그저 그렇지만 하고 싶은 이야기가 있는 한, 글 쓰는 일이 좋았던 한 시간 전의 나는 이제 없어졌다. 이런 글을 못 쓰지만 이런 글을 파는 서점은 할 수 있지 않겠어? 혹시나 하는 나의 질문에 같이 갔던 친구가 한 마디 던진다. 힙한 걸 힙하게 느끼질 않는데 어떻게 독립 서점을 해? 요즘 '힙'한 것과는 멀어도 너무 먼 내 글. 전혀 '힙'하지 않은 내 글이 떠오르는 순간 나는 그만 잔뜩 주눅이 들고 말았다.

괜찮아, 나도 그래

인생의 어느 부분, 일생에서 한 번이 아니고 부분 부분 찾아오는 어떤 시기들이 있다. 학교에서 조퇴하고 하루 종일 자전거를 탄다든가,

어딜 가는 길이었는데 경복궁에 들러 목적지도 잊어버리고 하염없어 한다든가, 바로 오늘 같이 시무룩해진 기분으로 북새통 속에 앉아 있는다든가 하는. 그런 때 세상은 멀었다.

힙하게 쓰지도 못 하고 힙한 걸 보는 눈도 없으면 책과 글의 시장에 발도 들이지 못하고 영영 도태되는 것일까. 이런 생각을 하며 아래층에 마련되어 있는 카페에 털썩 앉았다 그 청년을 보았다. 씨에프 속 세련되고 힙한 점심이 아닌, 분명한 그의 점심이었을 커피 앤 도넛. 덥수룩한 머리. 계절과 영 맞지 않는 두꺼운 점퍼 차림의 그는 전적으로 힙한 그곳에서 전적으로 힙하지 않게 앉아있다.

그 옆 자리의 힙하지 않은 나도 앉아 있다. 우리가 앉은 자리는 벽을 마주 보고 앉는 자리여서 고개를 들면 벽, 고개를 돌리면 남을 보게 되는 구조다. 징하다. 한 시간 가까이 있는 동안 핸드폰을 한 번도 보지 않는 사람은 나와 그 청년뿐이다. 나야 늙기도 늙었으니 요즘 사람도 아니고 요즘 책도 못 쓰는 그런 사람이지만, 젊은이 당신은 왜 이런가. 괜찮아. 나도 그랬어. 이 나이에 지금도 그래. 이렇게 말해주고 싶다. 하지만 그렇게 하지 않는다.

집으로 돌아오는 길은 험난했다. 시위로 교대역 근처 서초동 일대가 마비됐다. 택시기사들은 하나같이 나의 승차를 거부했고 천신만고 끝에 집에 도착하니 팔십만이 모였다 백만이 모였다는 뉴스로 시끄럽다. 밖에서 들리는 마이크 소리 때문에 뭐 하나 집중할 수 없다. 글을 써야 하는데. 아, 글을, 글을 써야 하는데 말이다. 열어둔 창 저쪽으로 뭐가 번쩍 한다. 불꽃놀이다. 지척에서 시위가 한창인데 한강은 불꽃으로 축제로구나.

괜찮아, 그도 그랬어

전혀 '힙'하지 않은 루쉰을 펼쳐본다. 이런 구절이 나왔다.

일체의 사물이 변화하는 가운데 어쨌든 중간물이라는 것이 다소 있다고 생각한다. 동물과 식물 사이에, 무척추동물과 척추동물 사이에 모두 중간물이 있다. 아니 진화의 연쇄 고리 중에서 일체의 것은 다 중간물이라고 간단히 말할 수 있다. 최초에 문장을 개혁할 때에는 이것도 저것도 아닌 작자가 몇몇 생기는 것은 당연하며, 그럴 수밖에 없고 또 그렇게 할 필요도 있다. 그의 임무는 얼른 깨달은 다음에 새로운 목소리를 질러대는 것이다.... 오히려 살아있는 사람들의 입술과 혀를 원천으로 삼아 문장이 더욱 언어에 가깝고, 더욱 생기 있도록 해야 한다.

- 『무덤』, 「무덤 뒤에 쓰다」. 그린비, 416쪽 인용

이것도 저것도 아닌 중간물. 루쉰은 자신을 이렇게 평가했다. 고문(古文)이라는 전통 글과 백화문(白話文)이라는 신식 글 사이에서 이것도 저것도 아닌 작자는 생겨나기 마련이고, 이런 작자는 고문도 백화문도 아닌 어정쩡한 글쓰기를 하게 될 것이다. 백화문을 잘 쓰려면 고문을 잘 읽어야 하는 예로 자신이 소개되어 있는 잡지를 보고 루쉰은 진저리 친다. 고문의 망령에서 벗어나려 몸부림 친 흔적이 자신의 글인데.

우리는 모두 무엇이 되어가는 도중이다. 무엇이 되어 가는지 아무도 모르지만 도중이 할 수 있는 일이 있다. 도중의 글을 쓰는 것. 이것도 저것도 아닌, 클래식할 수도 힙할 수도 없으니 중간물로 중간물

의 글을 쓰는 것. 이건 할 수 있다. 루쉰이 그랬어. 내 옆자리에 있던
청년아. 그리고 그 젊은이 옆자리에 있던 나야.

이게 뭐가 책이야, 하던 심술이 좀 잦아든다. 어제 255개의 부스
는 살아있는 사람들의 입술과 혀다.

번역은 낯섦을 번역하는 것이다.
낯선 강도의 문장을 통해 새로운 내용과 새로운
표현법의 이해를 위한 노력을 하고 새로운 언어
와 개념의 창조까지 나아가는 것. 이것은 번역만
의 특성이 아니라 중국어의 새로운 화법을 위한
모색이기도 했다.

이도 저도 아닌 글을 위하여

충실과 순통

번역의 문제는 두 가지다. 경역이냐 의역이냐. 경역은 원어에 충실한 번역이고 의역은 별 무리 없이 잘 읽히게 쓴 것이다. 둘 다 단점은 있다. 경역의 경우는 다소 읽기가 뻑뻑해서 잘 이해가 가지 않고, 의역의 경우는 '상쾌'하게는 읽히겠지만 오해의 소지가 있을 수 있다.

루쉰은 경역을 택했다. 경역이란 딱딱한 직역투를 의미한다. 루쉰이 경역을 고집한 이유는 그것이 다소 상쾌하지 않은 방식으로 읽히더라도 원문의 의미를 훼손하지 않는데 의의를 두었기 때문이다. 그러나 생각이 좀 다른 사람들이 있었다. 량스추는 루쉰의 경역을 두고 '죽은 번역'이라 했다. 자오징선은 "충실하되 순통치 못할 바에야 충실치 않더라도 순통한 편이 낫다."고 말했다. 한마디로 잘 읽히게 번역하라는 것. 그런데 이 말에는 메울 수 없는 허점이 있다. 술술 잘 읽히게 번역하려다보니 원문과는 다른 엉뚱한 번역이 나올 수 있다는 점이다. 루쉰은 중국의 번역 방식과 수준이 중국 현실의 모습과 무관하지 않다고 생각했다.

당시 중국 학자들의 오역은 우리에게 유쾌한 웃음마저 준다. 그리스 신화의 반인반마를 반인반우로, 은하수를 밀크 웨이로 오역한 것은 지식인들의 특권 의식에서 비롯된다. 원문의 내용에 대한 고민 없는 그들의 태도에 무책임과 오만함이 있었고, 그 결과가 웃지 못 할 오역들이다. 그래도 이런 건 애교 있는 편에 속한다. 다음 사례는 좀 심각하다. 중화민국 19년 8월 3일자 『시보』라는 신문에 나온 「바늘로 두 손을 꿰어... 」라는 글에 보면,

> 이들 주인과 하인은 모두 선혈이 낭자한 채 벗에게 이렇게 말했다. 창사에 공산당 정탐꾼이 있는 바람에 다수의 부르주아가 29일 새벽에 체포되었다. 우리는 28일 밤에 체포되었는데, 곧바로 바늘로 두 손을 꿰어 저울에 달았노라고, 이렇게 말하면서 두 손을 꺼내 싸맨 천을 풀어 뚫린 구멍을 보여 주었는데, 여전히 선혈이 낭자했다…
> - 한커우 2일 전통사 전보

이것은 같은 날짜의 일본어 신문인 『상하이 일보』와 대조해 보면 영 다르다. 사실과 다른 것은 두 가지다. 우선 주인과 하인 둘 다 '유혈이 낭자' 할 일이 없다는 것이다. 주인은 부르주아니까 그럴 가능성이 있다 해도 하인은 하층민이므로 '유혈이 낭자'라는 말은 어불성설이다. 또 하나는 '바늘로 두 손을 꿰어 저울에 달았다'는 말이다. 아무리 공산당의 행태가 해괴망측해도 뭐 하러 '바늘로 두 손을 꿰어 저울에 단'단 말인가. 더구나 팔에 구멍을 낸 것은 바늘이 아니라 철사의 일본어 표기인 침금(針金)이었다. '저울에 단다'는 말은 『상하이 일보』 어디에도 없다.

루쉰이 번역을 문제 삼은 이유는 당시 중국의 현실과 무관하지 않다. 이것은 단순히 번역만의 문제가 아니라 유언비어를 날조하고 그

것을 돕는 자들의 정체가 여지없이 '순통한 글'이라는 명목으로 횡행한다는 사실이다. 그가 번역의 방식과 방향을 문제 삼는 것은 순수예술과 전체가 갖고 있는 문학과 사회에 대한 허위의식을 비판하기 위해서다. 순통하고 상쾌하게 읽히는 글의 배후에는 진실의 날조라는 불편한 진실이 있었다.

이도 저도 아닌 백화문

번역의 문제는 단순히 번역 자체의 문제라기보다 중국어를 어떻게 만들어 갈 것인가의 문제였다. 원문에 충실하게 번역한 루쉰의 『훼멸』의 출판을 두고 취추바이는 자신의 생각을 편지로 전한다. 그는 루쉰의 번역을 두고 정확함은 얻어냈지만 '절대적 백화'는 이루지 못했다고 생각했다. 절대적 백화는 번역문을 읽은 중국인도 원문을 읽는 그나라 독자와 똑같은 이해 정도를 가질 수 있는 번역을 말한다. 취추바이의 절대적 백화는 모든 프롤레타리아에게 맞추는 것이었다. 이에 대한 루쉰의 대답이 흥미롭다.

> 달리 방법이 없으니, 지금은 설서에서 가려내되 느물거리는 것은 빼고, 잡담에 귀 기울이되 산만한 것은 없애고, 민중의 구어를 널리 취하되 그 가운데에서 비교적 모두가 이해할 수 있는 자구를 남겨 이도 저도 아닌 백화문을 만드는 수밖에 없습니다. 이 백화는 살아 있는 것이지 않으면 안 됩니다. 살아 있어야 하는 까닭은 이 가운데 일부는 살아 있는 민중의

입에서 취한 것이고, 일부는 이제부터 살아 있는 민중 속을 주입되어야
하기 때문입니다.

- 『이심집』, 「번역에 관한 통신」, 261쪽 인용

취추바이의 견해에 대한 루쉰의 생각은 달랐다. 번역은 어떤 독자를 위한 것인가를 정해야 한다. 글자를 하나도 모르는 사람은 영상이나 연극으로, 지식인은 지식인에 맞는 곱씹어 볼 만한 번역을, 글자를 좀 아는 사람을 위해서는 개작이나 창작으로 접근해야 한다. 번역은 낯설음을 번역하는 것이다. 낯선 강도의 문장을 통해 새로운 내용과 새로운 표현법의 이해를 위한 노력을 하고 새로운 언어와 개념의 창조까지 나아가는 것. 이것은 번역만의 특성이 아니라 중국어의 새로운 화법을 위한 모색이기도 했다.

중국은 각 지방마다 특색이 다르고 계층의 구별도 확실하기에 모두에게 맞는 번역이란 불가능하다. 갖가지 독자층에 따라 번역이 달라져야 하듯 백화문의 보급도 마찬가지다. 누구나 이해할 수 있는 책은 중국의 현 시점에서는 불가능했다. 지방마다 다른 백화문의 소통과 발전을 위해서 내놓은 절충안이 루쉰의 '이도 저도 아닌 백화문'이다.

백화문을 쓰는 일이 중요한 것은 이것이 난해한 문어체의 글이 아닌 일반 민중들이 사용하는 구어체의 글이라는 점이다. 그간 백화는 민중들의 언어로 저평가 되어 있었다. 글이 지식인들의 전유물이던 시대는 지나갔다. 독자와 글이 서로 상호 소통할 수 있는 장치로서 백화문의 사용은 5.4 신문화 운동을 이끌어가는 루쉰과 취추바이와 같은 사람에게 매우 중요한 일이었다. 백화문의 사용과 소통은 문학혁명의 중핵이었다.

루쉰은 좋은 문장을 위해서는 구어의 어법을 그대로 사용해선 안 된다고 생각했다. 하지만 구어를 완전히 빼 버리는 게 아니라 느물거리고 산만한 말은 빼고, 살아 있는 민중의 입에서 나온 살아있는 백화문을 만들어야 한다는 것이다. 백화문이 아무리 좋아봐야 민중들에게 써먹히지 않으면 헛일이었다. 민중들 속으로 들어가기 위해서 구어의 적용은 중요하다. 그러나 백화문을 통한 새로운 언어의 창조도 중요한 것이다. 절대적 백화가 취추바이의 이상이라면 이도 저도 아닌 백화문은 루쉰의 현실 감각이었다.

민중 속으로 깊숙이 들어가는 글을 위한 방안으로 어떤 게 좋을까. 쉽게 읽히는 글과 어렵게 느껴지는 글이 있다면, 가장 이상적인 글은 어려운 글의 정확성과 쉽게 읽히는 글의 이해도가 같이 있는 글일 것이다. 백화문을 통한 문학 혁명의 목적은 글이 민중들 속으로 들어가는 것이었다. 그렇다면 그걸 하기 위한 현실적인 방안을 모색하면 된다. 그 현실적 방안은 중국의 모든 민중에게 읽히는 절대적 백화문이 아니다. 구어체의 장점도 넣고 문어체의 정확함도 살린 루쉰의 이도 저도 아닌 백화문이다. 백화문은 단지 문체의 문제를 넘어 새로운 중국의 새로운 민중을 창조하는 문제와 직결되기 때문이다.

이도 저도 아닌 글을 위하여

번역과 백화문에 대한 중국의 복잡한 현실을 말했지만, 결국 글을 읽는 독자에 대한 글 쓰는 작가의 고민이라고 쉽게 생각해보자. 루쉰은 「번역에 대한 통신」에서 이렇게 말한다. "글을 짓는 비결은 잘 아는 글자를 피하고, 허자를 삭제하는 것이며 그래야 좋은 문장"이라고. 흔하고 평범한 말이지만 실천하기 매우 어려운 말이다. 글이 뭔가. 뻔한 문장, 식상한 관용구를 피하고, 쓰지 않아도 되는 말들을 빼는 것이다. 간명하고 이해하기 쉽지만 할 말을 다 하는 것, 이게 다다. 잘 안 되서 그렇지.

이게 꼭 번역만의 문제일까. 공부도, 우리의 글도, 우리의 삶도 순통만을 취해서 본래의 의미가 엉망진창이 돼버리거나, 충실만을 취해서 전혀 소통이 안 되는 상태로 살고 있는 건 아닌지. 이 글을 쓰기 시작할 때 누가 읽을 것인가를 생각하는 문제로 골치 아팠다. 누구에게나 읽히는 글을 쓰고 싶다는 욕망과 그래도 "찻물에 만 밥을 먹듯" 후루룩 읽혀버리고 마는 책은 쓰기 싫다는 욕망이 엇갈렸다.

누구에게나 읽히는 글은 절대적 백화문이다. 글이라는 걸 쓰고 있는 한 누구에게나 이해가 가는 글을 쓰는 날은 올 것 같지 않다. 다만 그러려고 노력할 뿐이다. 어려운 글도 쓰고 쉬운 글도 쓰면 좋겠지만, 그건 이렇게도 저렇게도 쓸 수 있는 능력자에게 맡긴다. 갈팡질팡하면서 가고 있는 지금은 이런 글이다. 이도 저도 아닌 이런 글을 쓸 수밖에 없다.

나물 값이 적힌 가계부도 니체의 책, 공자의 고전과 마찬가지로 모두 책이라는 것. 자식과 부모가, 선데이 서울과 니체가, 바로 옆에 있는 원수와 벗이, 따라서 온 세상이 텍스트라는 것을 잊지 말 것. 먼 훗날 누군가에게 부디 이렇게 말하게 되기를. 어디 있었니. 넌? 응, 살고 있었어.

선데이 서울과 심심풀이 땅콩

선데이 서울 같은

고등학교 때 담임 선생님 집을 방문한 적이 있다. 그분이 공부하는 서재를 구경하던 나는 두 번 놀랐다. 일단 어마어마한 양의 장서에 놀랐고, 책꽂이에서 선데이 서울을 발견하고 다시 한 번 놀랐다. 고상한 시를 쓰고 공부를 가르치는 선생님이 선데이 서울 같은 것을 보다니. 세상의 모든 종류의 책을 다 보아야 한다는 선생님의 대답을 듣고서도 나는 그 말을 지금까지 정확히는 이해하지 못했던 것 같다. 그런데 이번 「차개정잡문」을 읽고 좀 더 확실히 깨우쳤다.

> 점이나 창기에 대한 책을 읽을 기회가 있으면 미간을 찌푸리고 싶은 표정을 짓지도 말고 한번 쓱 훑어보는 것도 괜찮다. 또 자기 생각과 반대거나 시대에 뒤떨어진 책도 같은 방법을 쓸 수 있다.
> - 『차개정잡문』, 「되는대로 책을 펼쳐 보기」, 그린비, 193쪽 인용

반갑다. 루쉰도 선데이 서울 류의 책을 분명 보았구나. 뿐만 아니라 그는 점에 대한 책이나 한 집안의 가계부에서조차 배울 것이 있다고 생각한다. 여러 해 묵은 가계부에 쓰여 있는 콩나물 1000원, 고등어 한 마리, 토큰 10개, 큰애 용돈 3000원 등은 한 집안의 살림살이

와 그 정도의 돈을 쪼개고 나누어 살아야 했을 그 집안의 주부의 한숨과 가장의 무게가 느껴진다. 그럼에도 불구하고 저녁상을 먹고 치웠을 소소하고 정겨운 삶의 풍경까지 떠올리게 해준다.

보통은 자기 생각과 반대이거나 시대에 뒤떨어진 책은 잘 읽지 않게 된다. 생각해보면 그런 책을 읽지 않고는 자기 생각과 반대인 것과 시대에 맞지 않는 것을 알 수 없다. 읽어봐야 자신의 생각이 이 시대와 자신과 다른 생각들의 어디쯤에 위치하는지 알 수 있다. 루쉰은 자기와 생각이 다른 임어당의 '유머'가 실린 잡지에서부터 명말 청조의 야사인 『촉벽』, 장헌충의 폭정을 담은 『촉귀감』, 만화에 이르기까지 읽지 않는 것이 없을 정도다. 이쯤 되면 책을 읽는다는 것이 무엇인지 다시 생각해보지 않을 수 없다.

잡스러움의 재미

이 자리에서는 소일거리로 읽는 책 이야기만 하고 싶다.- 일부 성인군자들은 반대하는데 이렇게 하면 '잡스럽다'고 생각한다. '잡스럽다'는 지금까지도 나쁜 것을 형용하는 말이다. 그러나 이것도 좋은 점이 있다고 나는 생각한다.

- 『루쉰전집』 8. 「되는대로 책을 펼쳐 보기」, 192쪽 인용

'잡스럽게' 책을 읽는다는 것은 여러 가지를 다양하게 읽는 것이자 그저 소일거리 삼아 책을 읽는 것을 말한다. 그렇게 읽으면 당연히 한 가지를 파는 게 아니라 여러 가지를 다양하게 읽게 된다. 소일거리 삼아 읽는다는 것은 심심풀이 땅콩처럼 읽는 것이다. 이것은 학자나 전문가의 태도로 책을 대하지 않는 것을 의미한다. 그저 손가는 대로 이책 저책 아무거나 쓱, 훑어보는 것이 주는 쾌락이 있다. 그렇다고 루쉰이 모든 책을 이렇게 읽으라는 말은 아니다. "효도를 하지 말자고 주장하는 것이 곧 부모를 때리라고 하는 것이 아니듯, 남녀평등을 주장하는 것이 난교를 제창하자는 것이 아니듯" 책을 잡스럽게도, 심심풀이 땅콩처럼도 읽을 수 있어야 한다는 것이다.

책을 잡스럽게도 읽어야 한다는 말에는 잡스럽게 읽지 않는 것에 대한 문제의식이 들어 있다. 전문가의 태도로 책을 읽다보면 다양하게 못 읽는다. 학자가 하루키를 읽는다거나 스포츠 투데이를 읽는다거나 웹툰을 보는 일은 전문가답지 못한 일, 잡스러운 것으로 치부되기 쉽다. 유용한 분야의 책만이 쓸모 있는 것이 되고 그 외의 책들은 쓸모없는 시간 낭비로 치부하는 사고로 우리는 점점 더 딱딱해진다.

책을 심심풀이 땅콩으로 볼 수 없으면 오류에 빠지기 쉽다. 책 읽기에 과도한 비장함이 스며든다. 하나의 텍스트를 한 줄 한 줄 꼼꼼히 파고들면서 그 뜻을 이해하는 문제만이 중요하게 생각되어 전체를 보지 못 한다. 전체를 보지 못하면 혼자만의 세계에 갇혀 자위적인 책 읽기나 글쓰기가 되고 만다. 경험상 이런 방식의 책 읽기의 폐해는 우선 재미가 없다는 것이다. 얼마 못가 상당히 지친다. 루쉰이 제안한 책 읽기의 새로운 용법으로 지나친 의미 부여는 이제 그만.

책 읽기와 살고 있기

심심풀이 땅콩으로서의 책 읽기는 쉽게 읽어치우기가 아니다. 되는 대로 펼쳐보기는 아무렇게나 대충 읽기가 아니다. 그것은 공부의 가치가 하나로 굳어지는 것, 책 읽기나 글쓰기가 진리탐구라는 인식의 차원에서만 이루어지는 것이라는 생각에 균열을 내자는 것이다. 무엇을 읽을 것인가? 잡스럽게. 어떻게 읽을 것인가? 되는대로. 동양과 서양, 전문가와 아마추어, 고전과 현대의 글, 만화와 야설까지 우리의 삶과 세계를 구성하고 있는 것들에 대한 구분 없는 텍스트 읽기가 우리의 책 읽기임을 잊지 말기를.

언제부턴가 공부가 힘들어졌다. 책을 어떻게 읽어야 할지도, 글을 어떻게 써야할지도 모르는 시간들이 제법 오래 지나갔다. 헷갈리는 가운데서도 한 가지 분명한 것은 재미가 없으면 아무 것도 할 수 없다는 것이다. 책만 텍스트가 아니다. 콩나물 값이 적힌 가계부도 니체의 철학, 공자의 고전과 마찬가지로 모두 책이라는 것. 자식과 부모가, 선데이 서울과 니체가 바로 옆에 있는 원수와 벗이, 따라서 온 세상이 텍스트라는 것을 잊지 말 것. 그러다가 먼 훗날 누군가에게 부디 이렇게 말하게 되기를. 뭘 하고 있었니. 넌? 응, 살고 있었어.

끝도 없이 반복되는 집안 일, 각자의 입장만을
고수하는 진척 없는 대화, 집중할 수 없게 만드는
여기저기의 떠들썩함, 그 산만함 속에 먼지같이
부유하는 열기. 이런 순간 우리는 문득 지겹다.
지금 여기가 아니라면 어디라도 상관없다며
떠나고 싶은 강력한 충동을 느낀다.

세상 편한 곳, 세상 낯선 곳

끝도 없이 반복되는 집안 일, 각자의 입장만을 고수하는 진척 없는 대화, 집중할 수 없게 만드는 여기저기의 떠들썩함, 그 산만함 속에 먼지같이 부유하는 열기. 이런 순간 우리는 문득 지겹다. 지금 여기가 아니라면 어디라도 상관없다며 떠나고 싶은 강력한 충동을 느낀다.

하지만 이곳이 싫기 때문에 저곳을 꿈꾸고 지금이 힘들기 때문에 과거의 즐거운 한 때를 회상하는 것은 당장의 현실을 잊게 하는 마취제일 뿐이다. 저곳을 꿈꾸며 잠시 떠나고, 돌아와서 마취가 풀리면 아무 것도 해결되지 않은 현실에 한숨이 푹 나오게 만드는 그런 떠남. 이런 떠남과는 좀 다른 떠남은 없을까.

『아침 꽃 저녁에 줍다』 속 「키다리와 산해경」, 「아버지의 병환」, 「사소한 기록」, 「후지노 선생」의 작품 순서에서 보이는 유년기에서 청장년으로 이어지는 시간적 여정과 샤오싱, 난징, 일본에서 다시 중국으로 돌아오는 공간적 여정 속에서 루쉰이 떠난 이유는 뭘까. 왜 그렇게 오랜 시간 동안 그는 떠나기를 반복했을까.

샤오싱

우선 루쉰의 최초의 떠남과 관계되는 일은 할아버지의 뇌물수수 사건과 아버지의 병환이다. 할아버지의 뇌물수수 사건은 집안의 몰락을 가져왔고, 아버지의 병환은 루쉰으로 하여금 중국전통 의학에 대한 철저한 자각을 일깨웠다. 고향 사람들이라고 다르지 않았다. 고향 샤오싱은 더 이상 따뜻하고 정겨운 곳이 아니었다. 심지어 집안 물건을 훔쳐내 팔아먹는다는 유언비어로 루쉰을 시달리게 만든 소문의 발상지는 연부인. 연부인은 과거 전통 사회의 답답함과 현재의 교활함이 공존하는 샤오싱의 현재, 중국의 현재의 모습이었다. 그는 결심한다.

좋다. 그러면 떠나자!

> 그러나 어디로 갈 것인가. S성 사람들의 낯짝은 오래전부터 실컷 본 터라 그저 그럴 뿐이었고, 그들의 오장육부까지도 뻔히 들여다보이는 것 같았다. 어떻게 해서든 다른 종류의 사람들, 그들이 짐승이건 마귀이건 간에 어쨌든 S성 사람들이 타매하는 그런 사람들을 찾아가야 했다.
> - 『아침 꽃 저녁에 줍다』, 「사소한 기록」, 그린비. 195쪽 인용

루쉰은 커다란 벽을 마주했고, 떠났다. 다른 종류의 사람들이기만 하면 됐다. 그들이 짐승이건 마귀이건. 전통사회에 갇힌 샤오싱은 루쉰으로서는 어떻게 해도 부술 수 없는 커다란 벽이었다. 그는 그곳으로부터 도망치기 위해 중서학당을 선택한다. 다른 것을 찾아 떠나는 이 행위에는 우리와 별반 다를 게 없는 어떤 마음이 있다. 여기만 아니면, 그 낯짝만 아니면의 마음.

다음 행보는 학문의 길이다. 고향 사람들의 조롱감이었던 중서학당은 한문 이외에 외국어와 산수 같은 서양 학문을 가르친다는 이유로 비난의 대상이 되어 있었다. 그러나 중서학당이라고 다르지 않았다. 겉으로는 서구식 학문을 가르친다지만 중국의 전통적 사고방식에 대한 고수는 여전했다. 이후 옮겨간 학교인 난징의 '강남수사학당'와 '광로학당'역시 한심하긴 마찬가지였다.

강남수사학당은 일종의 해군 학교인데 일 년 내내 배우는 것이라곤 몇 가지 영어와 마스트를 기어올랐던 게 전부였다. 광로학당은 지질학과 광물학을 배울 수 있어 신선했다. 그러나 광물 캐는 법을 배우고 굴에 몇 번 들어갔다고 해서 할 수 있는 건 아무 것도 없었다. 수사학당과 광로학당에서의 경험은 "이십 장 높이의 상공으로도 오르고, 이십 장 깊이의 땅 밑으로도 내려가 봤지만 결국은 아무 재간도 배우지 못"한 셈이었다.

여기서 재밌는 일 하나. 루쉰이 이 시기에 고향에서 과거 시험을 본 일이다. 이것도 저것도 신통치 않자 공무원이라도 돼 볼까 싶었던 모양이다. 동생인 저우줘런과 마지막으로 과거 시험에 응시하지만 그 시험 역시 아무짝에도 쓸모없는 일이었다. 망국의 과거 제도 역시 무용지물이었던 것.

그리하여 남은 것은 오로지 한길, 외국으로 가는 것이었다.

그렇게 그는 일본으로 떠난다.

일본

도쿄도 그저 그런 곳이었다.

일본으로 간 루쉰은 변발을 자른다. 그것은 루쉰이 도쿄에서 했던 가장 상징적인 일이었다. 변발을 자르고 찍은 당시 사진에는 앳되지만 결연한 표정의 루쉰이 있다. 그럼에도 도쿄는 변발을 틀어 올려 모자로 눌러 쓰고 사교댄스나 배우러 다니는 유학생들로 들끓는 그저 그런 곳이었다.

다른 곳으로 가보는 것은 어떨까? 나는 센다이 의학 전문학교로 갔다.

루쉰이 의학으로 전향하기로 마음먹은 것은 어렸을 때의 아버지의 병환과 관계 깊다. 아버지의 약값을 마련하기 위해 전당포를 전전했던 일들, 말도 안 되는 약재를 구해 오느라 애를 먹었던 일들에 대한 반발은 서양 의학 쪽으로 방향을 돌리는 계기가 됐다. 센다이에서의 공부는 한동안 지속된다. 후지노 선생이라는 훌륭한 지지자도 만난다. 그러나 사건은 닥쳐왔다.

아아! 어찌할 도리가 없는 일이로구나! 하지만 그때 그곳에서 나의 생각은 변했다.

사건은 어찌할 도리 없이 벌어진다. 사건은 속수무책이다. 어떤 사건이든 그것을 에피소드쯤으로 치부할 수 없기에 사건이다. 루쉰의 생각을 변하게 한 사건은 시험 부정과 환등기 사건이었다. 시험 부정은 루쉰에게 커닝했다는 누명을, 환등기 사건은 지금 중국에 필요한 것은 서양 의학이 아니라는 각성을 가져왔다.

세포학 시간에 환등기로 세포를 보기 전 오늘의 뉴스 시간이었다. 밀고자로 몰린 중국인 한 사람을 가운데 두고 일본 군인이 목을 내리치는 순간, 그것을 구경하려 빙 둘러싼 중국인들의 무표정한 모습. 몸은 건장하기 이를 데 없지만 아무 생각 없이 자기 동포가 죽어가는 상황을 보고만 있는 영상이 지나가자 세포학 교실은 함성으로 가득했다. 그 속에서의 루쉰이 느꼈을 굴욕감은 환등기 속 우매한 중국인들에 대한 것이 아니었다. 루쉰은 그 속에서 자신의 모습을 보았다.

루쉰 연구자 다케우치 요시미는 이걸 이렇게 말한다. 굴욕감. 단순히 굴욕감이 아니다. 굴욕감에서 멈추지 않고 치욕감을 느끼기에 그 상황을 굴욕적으로 견디지 않게 된다. 견딜 수 없어지면 떠날 수밖에 없다. 루쉰이 부딪힌 두 번째 벽. 그는 떠난다.

다시 중국

센다이를 떠나 도쿄로 돌아온 루쉰은 이것저것 시도한다. '신생'이란 잡지를 만들려는 시도는 무산되고 독일 유학을 결심했지만 뜻대로 되지 않는다. 같이 유학하던 동생 저우쭤런은 일본여자와 결혼하여 일본에 남아 공부를 계속하게 된다. 홀로 계신 어머니도 걸리고 돈도 없다. 조국을 떠난 지 7년 만에 다시 중국으로 돌아온 루쉰은 고향에서 교편을 잡는다. 고향에서 다시 만난 유학시절 친구 판아이눙은 어느 촌구석에 틀어박혀 아이들 서넛을 가르치고 있는 형편이었다.

루쉰의 형편도 비슷했다. 그리고 1911년 신해혁명이 일어나자 루쉰과 판아이눙은 흥분하여 거리로 나갔다. 하지만 곧 지난 날 그대로임을 깨닫는다. 혁명만 성공하면 좋은 세상이 되어 자신들도 형편이 나아질 줄 알았다. "세상이 이와 같다면 실로 어찌 살아갈 것인가?" 판아이눙과 루쉰의 한탄이 들리는 듯하다. 자, 세상이 이렇다. 이제 또 어디로 갈 것인가. 세 번째 벽이었다.

반복되는 혁명과 함께 과거로의 회귀도 반복됐다. 어딜 가나 마찬가지였다. 어린 시절부터 삶을 다시 시작할 수도, 일본으로 다시 갈 수도 없다. 1926년 이글을 쓴 당시의 루쉰 자신은 모르겠지만 이 시절 이후 중국 내에서의 떠남의 여정 또한 만만치 않았다. 샤오싱에서 베이징으로, 샤먼에서 광저우로, 다시 상하이로 가서 생을 마감할 때까지 그는 평생을 떠돌았다.

떠남의 이유는 때로는 지긋지긋해서이기도 했고 때로는 압박을 피한 도피이기도 했다. 루쉰 에게 앞으로 몇 번의 굴욕감과 필연적인 일들이 남아있을지 모르지만 어쨌든 네 번째, 다섯 번째 벽은 계속될 것이었다.

다시 잘 보자. 견딜 수 없는 상황들과 벽은 사는 동안 계속될 것이다. 몇 번의 굴욕감과 몇 번의 필연적 일들의 연속, 그리고 그때마다 부딪히게 되는 몇 번의 벽. 이게 삶이다. 때론 굴욕감이 자신을 살게 하는 생명의 순간이 되기도 하고, 어쩔 수 없는 상황이 자신을 살게 하는 순간이 되기도 한다. 그리고 보면 벽에 부딪히는 순간이야말로 생명 그 자체의 순간일지도 모르겠다.

전향은 삶의 방향을 바꾼다는 뜻이다. 어떤 종류의 전향이든 전향은 쉽지 않다. 사소한 것이나마 바꾸려 해도 너무 어렵지 않던가. 전향은 "동포의 정신적 빈곤을 문학으로 구제하는 따위의 기분 좋은 지망"같은 것으로 일어나지 않는다. 이런 전회의 순간에는 그렇게 할 수밖에 없는 어떤 감정이 있다.

우리가 삶을 살아가는 동안, 방향을 바꾸게 할 만한 어떤 결정적 순간이란 게 오면 그땐 이유 불문이다. 여러 가지 이유를 갖다 붙인다 해도 이유는 이 감정의 결과이지 원인이 아니다. 원인은 모른다. 다만, 몸의 감각이 더 이상 여기는 아니라고 외칠 뿐이다. 정치적 전향이나 이념의 전향 같은 거창한 것도 감정이 달라지는 것에서 출발한다.

세상 편한 곳이 세상 낯선 곳이 될 때 또, 세상 낯선 곳이 세상 편한 곳이 될 때 우리는 떠난다. 진득하지 않다고 비난하는 마음의 소리를 무시해도 괜찮다. 너무 길들여져 있어서 불감이 된 몸은 그냥 머무르라고 말하기 마련이니까. 못 떠나면 알 수 없는 것들이 수두룩하다. 그러다 어느 순간 더 이상 공간을 떠나지 않아도 될 때, 삶은 떠남과 머묾의 끝없는 운동성에 다름 아님을 어렴풋하게 알게 될 때, 그 때 루쉰을 떠올리자. 루쉰도 그때까지 주구장창 떠났다.

중국으로 돌아온 후에도 루쉰의 떠남은 계속됐다. 하지만 이곳이 아닌 저곳을 꿈꾸는 떠남은 아니다. 그 간의 긴 여정 속에서 루쉰은 중국이라는 현실, 그 속에서 살아가는 중국인으로서의 현실, 그리고 루쉰 자신과 마주할 용기를 얻었다. 그렇게 그는 살고, 썼다.

30년 전 '입영 열차 안에서'와 30년 후 '입영 열차 안에서'는 같은 '입영 열차 안에서'가 아니다. 그것은 현재, 바로 지금 이 순간 그 노래를 듣고 있는 우리와 만나 생성되는 새로운 '입영 열차 안에서'인 것이다. 루쉰에게 과거를 현재로 가져온다는 것은 이런 것이었다.

사람들이 나를 살게 했네

사람들 속에 있으면 사람이 싫어지고 사람들 밖에 있으면 사람이 그리워진다. 이런 저런 사람들을 만나다 보니 가끔 드는 생각이다. 하지만 생각해보면 뛸 듯 기뻤던 순간에도 죽을 듯 아팠던 순간에도 곁엔 늘 사람이었다. 사람이 늙으면 과거를 회상하길 잘 한다지만 이런 생각에 적절한 시기가 따로 있는 건 아닐 것이다. 그래도 당국의 수배를 받고 도피 중이라면? 루쉰 얘기다. 도피 중의 루쉰이 그랬다는 얘기다. 왜 루쉰은 도피 중 한가롭게 과거나 회상하고 있을까? 이런 의문을 가지고 그의 회상 속 첫 번째 인물 판아이눙에게로 가보자.

아마 내일은 전보가 올지도 모르지

판아이눙과의 만남은 싸움으로 시작됐다. 일본 유학시절, 고국의 혁명 열사와 그 가족의 죽음을 앞에 둔 상황에서 이들은 일본 낭인을 몇 명 구해 보내기로 한다. 복수를 위한 자객을 보낸다는 전보를 베이징으로 치자는 파와 치지 말자는 파가 대립했는데 판아이눙은 반대파, 루쉰은 찬성파였다. 루쉰의 찬성파가 이기자 이번에는 또 누가 그 전보 글을 작성할 것인가를 두고 한참 논쟁이 벌어졌다. 판아이눙이 못 참고 드디어 입을 연다. "죽일 것은 죽어버렸고 죽을 것은 죽어

버렸는데 무슨 개떡 같은 전보를 친단 말이야."

이게 판아이눙이었다. 판아이눙의 눈에는 혁명의 대상도 혁명의 주체도 둘 다 죽은 판국에 전보 따위를 가지고 옥신각신하는 모습이 몹시 꼴사납게 보였다. 그건 루쉰도 마찬가지였다. 고국의 혁명 열사가 판아이눙 자신의 스승인데도 이런 싸가지 없는 소리를 내뱉는 인간은 혁명이 일어나면 반드시 먼저 없어져 버려야 할 존재라고 생각했다. 그렇게 그 둘은 서로를 재수 없어하며 헤어진다.

이들이 다시 만난 건 고향 샤오싱에서였다. 둘은 서로를 알아보자마자 빙긋이 웃었다. 그 웃음은 서로의 처지를 한눈에 알아보는 웃음이었다. 만나지 못한 것이 불과 몇 년이라는 게 믿기지 않을 만큼 둘은 늙고 초라해졌다. 혁명이니 전보니 하던 것도 모두 지나간 일이었다.

다시 판아이눙을 만나 루쉰이 새롭게 알게 된 사실도 있었다. 일본에서 전보 문제로 싸우기 전부터 판아이눙은 루쉰을 알고 있었다는 것. 고국에서 오는 유학생들을 맞이하러 요코하마항에 나가던 날, 루쉰의 눈에 비친 유학생들의 모습은 한심하기 짝이 없는 것이었다. 그 와중에 전족을 챙겨 오질 않나 열차에 타서는 서로 자리를 양보하느라 수선을 피우는 모습에 루쉰은 고개를 흔들었다. 고개를 흔들 때 판아이눙은 루쉰을, 루쉰은 판아이눙들을 보고 있었다.

1900년대 초, 아직은 전족을 챙겨왔던 유학생들. 그들이 서로 자리를 양보하느라 점잔빼는 모습은 청산하지 못한 과거의 유산을 들킨 것처럼 청년 루쉰을 부끄럽게 했다. 하지만 더 부끄러운 것이 있었다. 나중에야 알게 됐지만, 루쉰이 비웃던 그 사람들은 사실 온몸에

혹형의 흔적을 지닌 혁명 열사들이었다. 아무 것도 모르고 루쉰은 그들을 비웃었던 것이다.

시간은 흘러 루쉰과 판아이눙에게도 혁명의 시대가 왔다. 신해혁명이었다. 하지만 그것도 잠시. 혁명은 유행일 뿐 달라진 건 아무것도 없었다. 구세력이 물러나고 혁명 세력이 들어섰지만 권력의 자리만 바뀌었을 뿐, 그들은 혁명의 열매만 따먹느라 정신이 없었다. 혁명세력이 또 다른 위정자가 되자 루쉰은 베이징으로 거처를 옮긴다. 판아이눙도 호구지책이던 학감 자리에서 쫓겨나 혁명 이전의 판아이눙으로 돌아갔다. 점점 형편이 어려워지자 어떤 친구 집에 얹혀살면서 루쉰의 편지만 기다렸다. 사정 상 그 집에서도 나오게 되자 한참을 이리저리 떠돌았다.

"아마 내일은 전보가 올지도 모르지. 펼쳐보면 루쉰이 나를 부르는 걸세." 그의 간절한 소망은 끝내 이루어지지 않았다. 루쉰이 백방으로 알아봤지만 취직자리는 쉽게 나지 않았다. 술 마시면 우스갯소리를 잘해서 루쉰과 어머니를 곧잘 웃게 하던 판아이눙은 어느 날 강에 빠져 죽는다. 평소 헤엄을 잘 치는 그였지만 다시는 물위로 떠오르지 않았다.

판아이눙은 자살일까요, 아닐까요? 루쉰의 판아이눙을 읽는 우리는 묻는다. 이 질문에는 뭔가 바라는 게 있다. 판아이눙이 자살이 아니기를 바라는 마음 같은 거. 그저 실족사이기를 바라는 마음 언저리에는 한때는 열심히 무엇을 했고, 한때는 절망해서 이리저리 방황했던 판아이눙과 같은 우리의 모습이 있기 때문이다. 그래서 아주 막절망적인 마음으로 뱃머리에서 강물로 한 발 내딛은 건 아니기를. 루쉰은 우리의 바람에 이렇게 답한다. 아마도. 그러나 잘 모르겠어요. 그리고 다만 이렇게 끝맺는다.

> 그는 죽은 뒤에 아무것도 없었고, 어린 딸 하나와 아내만 남았다. 그래서 몇몇 사람들이 딸아이의 장래 학비로 기금을 좀 모으려고 하였다. 그런데 이런 말이 나오자마자, 그의 가문 사람들이 이 기금의 보관권을 가지고 옥신각신 다투었으므로—사실 아직 기금도 없는데—모두들 싱거운 생각이 들어 흐지부지하고 말았다.
> -『아침 꽃 저녁에 줍다』,「판아이눙」 그린비. 227쪽 인용

도련님, 이게 『삼형경』이에요

기억은 몸의 기억이다. 냄새와 맛, 소리와 무언가 보아버린 눈과 같이 기억은 어디까지나 몸의 기억이다. 어떤 것들은 냄새로 오고 어떤 것들은 소리가 먼저 온다. 키다리 어멈은 소리가 먼저 오는 케이스다. 루쉰의 기억에 키다리 어멈은 어떤 '재잘거림'이다. 집안의 크고 작은 풍파는 거의 이러쿵저러쿵하길 좋아하는 키다리 어멈의 수다가 원인인 적이 많았다. 그것 말고도 밉살스러운 점이 한두 가지가 아니었다. 루쉰이 조금만 장난쳐도 곧장 어머니께 일러바치거나 침대 한복판에 '큰 대大'자로 뻗어 자는 것도 모자라 목에 다리를 걸치는 통에 잠을 설치기 일쑤였다. 결정적인 것은 루쉰이 아끼는 생쥐까지 밟아 죽인 것이다.

키다리 어멈은 예의범절과 인간의 도리도 많이 알았다. 그중에는 설날의 괴상한 의식도 있었다. 그것은 설날 아침, 머리맡을 지키고 앉아 있다가 일어나려는 루쉰의 목을 꾹 누르며 어멈, 복 많이 받으세요!를 제일 처음 들어야하는 일이었다. 키다리 어멈이 이 말을 들은 후, 루쉰의 입에는 얼음처럼 차가운 겨울 복귤이 밀어 넣어졌다.

어멈이 번잡한 예절만 알고 있는 건 아니었다. 그녀는 명민하기도 했다. 그녀가 경험한 가장 무서운 적은 장발적이었는데 이것은 홍수전의 군대만을 말하는 게 아니라 온갖 도적들을 통칭하는 말이었다. 어린 루쉰에게 겁도 줘 가면서 다른 식의 이야기도 슬쩍 지어내면서 장발적 이야기를 실감나게 하는 통에 루쉰은 존경심마저 어린 눈으로 그녀의 이야기를 듣곤 했다.

클라이막스는 그 다음에 일어났다. 그녀가 돌아왔다. 루쉰이 생쥐를 밟아 죽인 것에 대한 복수를 꿈꾸고 있을 때, 휴가 갔던 키다리 어멈이 꿈에 그리던 『산해경』을 들고 돌아 온 것이다. 『산해경』은 사람의 얼굴을 한 짐승, 대가리가 아홉 개인 뱀, 날개 돋친 사람, 젖꼭지로 눈을 대신하는 대가리 없는 괴물 등의 온갖 삽화가 그려진, 지금으로 치면 SF 판타지 웹툰쯤 되는 책이었다.

"도련님, 이게 그림이 들어 있는 『산형경』이에요. 내가 도련님을 드리려고 사 왔어요." 온몸에 전율이 이는 듯한 이란 표현은 과장이 아니었다. 떨리는 손으로 종이 꾸러미를 펼쳐 보는 루쉰. 누런 종이 꾸러미에 싸인 네 권의 책은 루쉰의 영혼 속에 들어와 깊이 박혔다. 깊이 박힌 것은 책뿐만이 아니었다.

키다리 어멈은 루쉰의 어릴 적 보모 역할을 했던 집안 하인이다.

사실 키다리 어멈의 키는 작다. 키다리라는 이름은 예전 키가 크던 하인을 부르던 별명이었다. 그러던 것이 입에 익어 그냥 내처 키다리 어멈으로 불리었다. 성이 뭔지 몰라 이름도 제대로 불리지 못했고, 경력도 알 수 없고, 행동도 방정맞아서 아끼던 생쥐를 밟아 죽인 장본인이고, 무식해서 책이름을 산형경으로 잘 못 읽어버리는 그녀이지만, 그녀는 위대하다.

키가 작은 키다리 어멈은 오매불망 가지고 싶어 했던 『산해경』에 대한 어린 루쉰의 마음을 알아준 사람이다. 구할 수 없거나 혹은 구하기 귀찮아서 그냥 어린애의 투정이라 치부해버린 다른 어른들이 하지 못 한 일을 키다리 어멈은 해냈다. 집안 어른들이 아무도 관심 가지지 않을 때 일자무식에, 수다쟁이에, 입에 복귤을 밀어 넣는 보모 키다리 어멈은 조잡한 인쇄의 도련님의 그 책 산형경을 사러 온 동네를 뒤지고 다녔을 것이다. 그 모습이 눈에 선하다.

가져 오세요 내가 좀 봅시다

"나는 후지노 겐쿠로입니다."
그러자 뒤에 앉아 있던 학생들이 킥킥거렸다.
- 『후지노 선생』, 그린비, 208쪽 인용

후지노 선생의 첫인상이다. 선생은 실로 꿰맨 해부학 책을 옆구리에 끼고 넥타이도 매지 않고 교실로 들어왔다. 기차에서 도둑으로 오인을 받을 정도의 낡은 옷차림은 학생들의 웃음거리였다. 그가 어느 날 루쉰을 연구실로 불렀다. 온갖 뼈들 사이에 선생은 앉아 있었다. 백 년 전 1900년대 초, 일본의 의과대학 연구실. 일본의 근대화는 중국보다 빨랐지만 루쉰의 눈에 제대로 된 의학 연구와 번역은 중국보다 크게 앞선 것 같지 않았다. 선생이 묻는다. 할 만 한가. 루쉰이 답한다. 그럭저럭요. 그때부터였다. 루쉰의 노트는 일주일에 한번 후지노 선생의 연구실로 보내진다. 빨간펜이 시작되었다.

대충이 아니었다. 미처 받아쓰지 못한 대목들이 보충돼 있을 뿐 아니라 문법적 오류들까지 고쳐져 있었다. 어떤 날은 연구실로 직접 불러 루쉰이 그린 혈관 그림을 고쳐주고 설명해주었다. 그러나 선생의 바람만큼 루쉰의 공부는 진척이 없었다. 공부도 등한시한 데다 선생의 빨간펜 대로 하지 않고 마음 내키는 대로 해버린 적도 많았기 때문이다.

여름방학이 끝나고 동경에 갔던 루쉰이 학교로 돌아오자 후지노 선생은 몹시 반가워했다. "나는 중국 사람들이 귀신을 몹시 존중한다는 말을 듣고 학생이 시체를 해부하려 하지 않을까 봐 무척 근심했댔소. 그런데 그런 일이 없으니 이젠 한시름 놓았소." 또 어떤 날은 꼬치꼬치 물었다. 중국 여인들이 전족을 위해 발을 어떻게 동여매는지, 발뼈는 어떤 기형으로 변하는지 무척이나 알고 싶어 했다. 멀리 중국에서 온 강단 있고 총명한 학생에 대한 아낌없는 애정. 이것은 돌이킬 수 없는 문제를 낳는다.

어찌 보면 당연한 일이었다. 중국인이 낙제도 하지 않고 시험을 패스했으니 일본 학생들의 의심을 제대로 산 것이다. 후지노 선생이 문제를 유출해줬다는 소문은 루쉰을 괴롭혔다. 하지만 강력한 한 방은 따로 있었다. 바로 환등기 사건이다. 환등기 사건은 루쉰의 마음에 돌이킬 수 없는 자국을 남긴다.

사람은 합리적 생각을 할 줄 안다는 점에서 동물과 차이가 있다. 하지만 사람은 합리적인 만큼 비합리적일 수밖에 없는 어떤 지점이 있는데, 그게 바로 감정이다. 환등기 사건은 루쉰의 감정을 휘저었고, 그런 이상 몸은 한시도 그곳에 머물 수 없게 된다. 떠나기로 결심한 날, 후지노 선생은 '석별'이라 적힌 자신의 사진을 주며 몹시 슬퍼했다. 루쉰에게 편지라도 해줄 것을 신신당부했다. 하지만 그 후로 두 사람은 평생 만나지지 않는다.

그렇게 센다이 의학전문 시절은 막을 내린다. 이후 십 수 년이 흘렀다. 이런저런 일들이 루쉰에게 있었지만 어쩐 일인지 후지노 선생만큼은 잊히지 않았다. 자신을 알아봐 준 사람이라서? 그럴지도 모른다. 그러나 더 큰 이유는 따로 있다. 루쉰이 후지노 선생에게 배운 것은 의학이라는 학문이 아니었다. 학문 이전에 사람이 있었다. 아무런 대가 없이 주는 사람에 대한 사랑. 인간에게 그런 사랑이 가능하다는 것을 보여준 것은 후지노라는 어떤 인간형이다.

루쉰의 고향 샤오싱과 베이징의 루쉰 박물관에는 후지노 선생의 흉상이 있다. 루쉰이 있는 곳에 어김없이 후지노 선생도 같이 있다. 살아서는 두 번 다시 만날 수 없었던 그들이었지만, 루쉰과 후지노 선생은 이제 영원히 같이 있다. 후지노 선생은 루쉰을, 루쉰은 후지노 선생을 서로 알아봐 준 그 2년도 안 되는 짧은 시간은 사람을 사랑한다는 것이 어떤 것인지를 알게 해준 귀한 시간이었으리라.

아침 꽃을 저녁에 줍는다는 것

『아침 꽃 저녁에 줍다』는 온통 기억으로 가득하다. 그것은 떠남의 기억이기도 하고 만남의 기억이기도 하다. 루쉰은 기억 속에서 구습과 전통과 결별하고, 굴욕감과 결별하고, 사랑하는 것과 사랑하지 않는 것 모두와 결별한다. 그리고 다시 만난다. 강직한 판아이눙과 위대한 키다리 어멈과 따뜻한 후지노 선생을.

이 책의 반은 베이징에서 도피 중에, 나머지 반은 샤먼에서 쓰였다. 그러나 여기에는 과도한 위기의식도 강경한 메시지도 없다. 도피 중의 생활과 샤먼이라는 낯선 장소의 신산스러움으로 인한 달달한 추억이나 회상도 아니다. 수많은 떠남과 만남은 과거의 일이다. 그래서 과거를 생각하는 일은 아침에 핀 꽃을 현재라는 저녁에 줍는 일이다. 과거는 끊임없이 제 자신을 지우며 루쉰의 현재와 만난다. 과거는 루쉰과 만나 과거도 현재도 아닌 다른 무엇이 된다.

30년 전 '입영 열차 안에서'와 30년 후 '입영 열차 안에서'는 같은 '입영 열차 안에서'가 아니다. 그것은 현재, 바로 지금 이 순간 그 노래를 듣고 있는 우리와 만나 생성되는 새로운 '입영 열차 안에서'인 것이다. 박제된 과거가 아니라 끊임없이 현재와 만나 새롭게 피어나며 생성되는 것으로서의 과거다. 이제 과거, 현재, 미래라는 시간성은 사라진다. 매순간 새로 생성되는 행위인 아침 꽃을 저녁에 줍는 것만이 우리가 할 일이다. 루쉰에게 과거를 현재로 가져온다는 것은 이런 것이었다.

사실 이 절교 편지는 산거원이라는 친구가
자신을 관직에 추천한 것에 대한 반박 편지이다.
혜강이 관직에 나갈 수 없는 아홉 가지 이유의
대부분은 자신은 빈둥거리며 놀기를 좋아하고
속된 사람들과 어울리기 싫어하는 성질머리라서
관직에 나갈 수 없다는 것.

약과 술 어디까지 해 봤니?

맹자는 중국의 역사를 한마디로 "일치 일난"의 시대라 했다. 중국의 역사를 통틀어 볼 때 한번 치세가 되면 한번 난세가 되었다는 의미에서다. 난세라는 말에서 우리는 어두운 침체기나 혼란스러운 상태와 같은 부정적 이미지를 떠올리기 쉽다. 그러나 난세는 다른 의미에서 보면 기존의 가치들이 전복되어 새롭고 생동감 넘치는 사유와 담론들이 꽃피는 개성의 시대가 될 수 있다. 정치적 암흑시대는 오히려 찬란한 문명을 꽃피우게 만드는 가능성의 시대였다.

루쉰은 이 "일난"인 위진남북조에 주목한다. 그의 관심은 단순히 그 시대에 대한 오해를 풀려는 의도라기보다는 문서에 기록되어 있지 않다는 이유로 인해 감추어지고 묻힌 비역사적 진실에 대한 의문을 가졌기 때문이다. 그렇다면 루쉰은 위진남북조라는 시대에서 역사적 표면 위에 떠오른 사실들 이외에 무엇을 보고자 했을까.

약과 술

조조와 조비는 위나라 황제이면서 문장가였다. 조조의 아들 조비는 문장 개조 면에서 혁명적 사고를 한 사람이라 볼 수 있다. 왜냐하면 그는 당시 전통적 지식인의 교훈적 방식의 글쓰기를 거부하고 예술로서의 글쓰기를 주장했기 때문이다. 그러나 조비의 아버지 조조는 한말, 위초 권력의 핵심에 있던 인물이었다. 자신들의 권력에 대한 도전은 아무리 문장가인 황제였더라도 두고 보지 못했을 것이다. 그런 정치력의 행사가 뜻밖의 결과를 낳는다. 한나라 말, 스스로 청류(淸流)라 부르면서 지나치게 맑음을 주장하다보니 이상한 방향으로 변질된 것을 바로잡은 결과가 위진남북조 시대의 풍도(風道)다. 그런데 이 풍도가 생긴 배경이 재밌다. 풍도의 배경에는 약과 술이 있었다.

명제 때 하안이라는 사람은 약 복용의 창시자다. 그가 먹은 약은 '오석산'이라는 것인데 일종의 독약이었다. 하안은 돈이 있었고 이 약을 먹으면 몸이 좋아진다는 것을 굳게 믿고 있었기에 무척 애용했다. 흔한 말로 약쟁이였던 것이다. 부자들이 이걸 먹기 시작하자 일반 사람들도 따라 먹기 시작했다.

이 약의 부작용은 몸에 열이 많이 나서 음식은 차가운 것을, 술은 더운 것을 먹어야 했다. 몸이 더워지니 통풍이 잘 되는 옷을 입어야 했고, 부작용 때문에 피부가 가려워서 옷을 헐렁하게 입어야 했으니 이것이 우리가 중국 복식으로 흔히 떠올리는 소매가 넓고 풍성한 옷의 유래다. 또 약기운을 빼기 위해 많이 걸어야 했는데 이것이 행산(行散)이다. 행산은 문장가들이 시를 읊고 고상하게 산책하기 위해서가 아니라 약기운을 빼기 위한 것이었는데, 우스꽝스럽게도 후대의 문인들이 멋도 모르고 자신들의 시어에 사용하기도 했다.

약 부작용을 막기 위한 또 한 가지는 약을 먹은 후, 밥을 많이 먹어야 했다. 이것은 상중에도 예외는 아니어서 위진 시대의 까다로운 전통인 상중에는 밥을 먹지 않는다는 상례까지 바꿔놓는 결과를 가

져왔다. 이것은 현재 우리의 장례 문화에 영향을 미쳐 오늘날 장례식
장에서 밥도 먹고 술도 먹는 풍경이 일반화된 것이다. 최초의 약 복
용자 하안이 약을 먹기 시작하자 사람들이 따라 하고, 그런 유행이
전통이라는 이름이 되는 과정은 우리로 하여금 역사적 사실 아래의
비역사적 진실을 다시 보게 만든다. 우리가 신봉하는 전통의 유래에
약과 술이 있었던 것.

명사들 사이에 대유행이었던 약이 부작용이 심해지자 사람들은
술도 같이 먹기 시작한다. 하안의 무리들과 견줄 만한 '죽림칠현'이라
는 7명의 무리들 중 혜강과 완적이 제일 유명했다. 혜강은 약과 술을,
완적은 술만 먹었는데 이것은 그들의 기질과 통한다. 술만 먹는 사람
에 비해 약을 먹는 사람은 기가 세기로 유명했다.

그러니까 혜강의 괴팍한 성격은 약을 먹어서다. 약을 먹으면 세
상사 모두 하찮게 보였기에 할 말 다 할 수 있었던 것이다. 반면, 완적
이 장수를 다한 것은 술만 먹었기 때문이다. 술은 다소 과격한 말을
하더라도 술김이라고 두루뭉술 넘어갈 수 있었다. 혜강과 완적의 세
상사에 거침없는 태도는 위진의 풍도를 낳았고, 그것은 그들의 독특
한 말하기 방식인 "청담(淸談)"으로 이어진다.

혜강이 또

혜강의 논문은 완적보다 훌륭해서 사상이 신선하고 종종 옛날의 구설과
반대되는 것이었습니다. 공자는 "배우고 때때로 익히면 기쁘지 아니한

가?"라고 말했습니다. 혜강이 쓴 「자연 호학론에 대한 반박」에서는 오히
려 사람은 배우기를 좋아하지 않는다고 했습니다. 가령 사람이 일을 하
지 않고도 밥을 먹을 수 있으면 편한 대로 한가롭게 노닐면서 독서를 좋
아하지 않을 것이며 지금 사람들이 배움을 좋아하는 것은 습관과 어쩔
수 없는 상황으로 말미암은 것이라고 했습니다. … 하지만 가장 많은 사
람들의 주의를 끌었을 뿐만 아니라 생명의 위협을 가져다준 것은 「산거
원에게 보내는 절교의 편지」에 나오는 "탕왕과 무왕을 비난하고 주공과
공자를 멸시한다."라는 구절이었습니다. 사마의는 이 문장으로 인해 혜
강을 죽였습니다.

— 『이이집』, 「위진풍도. 문장과 약. 술의 관계」, 그린비, 159쪽 인용

이 시기가 조조와 조비에 의해 유교 이외의 불교와 도교 같은 외
래사상이 대거 유입된 시기라 하더라도 당시 사회의 철학적 가치는
공교(孔教)였다. 그런데 혜강과 같은 사람이 공자의 유명한 호학론에
반기를 들고 일어난 것이다. 뿐만 아니라, 그의 목숨을 앗아간 결정적
계기가 된 「산거원에게 보내는 절교의 편지」의 내용은 "탕왕과 무왕
을 비난하고 주공과 공자를 멸시한다."는 구절이었으니 목숨이 붙어
있기를 바라고는 쓸 수 없는 내용인 셈이다.

사실 이 절교 편지는 산거원이라는 친구가 자신을 관직에 추천
한 것에 대한 반박 편지다. 편지의 내용을 찾아보니 그 내용이 기가
막히다. 혜강이 관직에 나갈 수 없는 아홉 가지 이유의 대부분은 자
신은 빈둥거리며 놀기를 좋아하고 속된 사람들과 어울리기 싫어하는
성질머리라서 관직에 나갈 수 없다는 내용으로 되어 있다. 더 기가

막힌 것은 당신들 같은 관직나부랭이들은 자신을 참을 수 없을 것이라고 말한 두 가지 내용이다. 그 중 한 가지가 탕왕과 무왕을 비난하고, 자신은 주공과 공자를 낮추어 본다는 점. 그리고 다른 한 가지는 자신의 올곧고 직선적인 성격 때문에 바른 말을 내뱉지 않으면 발광할 것이기에 당신들이 나를 참을 수 없을 것이라는 내용으로 되어 있다. (『이중텐, 사람을 말하다』, 중앙북스, 319쪽 참조)

이 편지를 본 사마소는 당장 혜강을 죽인다. 당시 산거원이란 친구는 사마씨들의 권력 수하에서 일을 하고 있었고, 자신이 관직을 그만두면서 혜강을 후임으로 추천한 것이었다. 이 때 혜강은 조위라는 사람의 체제 하에 있었기 때문에 자신의 주군을 배신하지 않으려는 생각 때문인가 싶지만 그래도 이건 너무 심했다. 이것은 목숨 줄 내놓고 하는 말이나 다름없는 발언이었다. 그러나 혜강의 죽음은 결정적으로 종회라는 인물과 관계가 깊다.

한번은 그가 집에서 쇠를 두들기고 있었는데-그는 성격상 쇠를 두들기는 것을 매우 좋아했습니다. -종회가 찾아왔는데도 그는 쇠를 두들기면서 종회를 아랑곳하지 않았습니다. 종회는 멋쩍어서 돌아가지 않을 수 없었습니다. 그때 혜강이 그에게 "무얼 듣고 와서 무얼 보고 가시오?"라고 물었습니다. 종회는 "들은 것이 있어 왔다가 볼 것을 보고 가오."라고 대답했습니다.
- 같은 책, 163쪽 인용

혜강과 종회. 두 사람은 여러 면에서 대조적인 인물이다. 혜강이 쇠를 두들기는 대장장이 일을 하고 있었던데 반해, 종회는 좋은 집안의 귀공자 타입이었다. 생김새도 혜강이 질박한 풍모인 반면, 종회는 어렸을 때부터 남다르게 총명하고 아름다워 현재 막강한 세력가인 사마소의 참모인 권력의 중핵이었다. 이런 종회의 방문에 혜강은 시종일관 무관심으로 푸대접을 한 것이다.

혜강은 왜 그랬을까. 가장 유력한 설은 종회가 자신을 염탐하러 왔다는 것을 알고 일부러 그랬다는 설이다. 자신의 관직 거절로 심기가 불편할 대로 불편해진 사마소의 심복인 종회의 방문이 의미하는 바를 혜강이 몰랐을 리 없다. 관직 거절 편지에다 권력의 핵심 인물 푸대접까지 정말 경을 칠 노릇이었다. 당시 막강한 권력을 자랑하는 이들 앞에서 혜강과 완적의 이러한 태도를 우리는 어떻게 이해해야 할까. 완적을 포함한 다른 죽림칠현의 경우를 살펴보자.

그들의 태도를 보면, 대체로 술을 마셨을 때는 옷을 입지 않고 모자도 쓰지 않았습니다. 만약 평시에 이러한 모습을 보면 우리는 예의가 없다고 말하겠지만 그들은 달랐습니다. 상중일 때 전례에 따라서 반드시 흐느껴 운 것도 아닙니다. 아들이 아버지를 대할 때 아버지의 이름을 부를 수 없었습니다만, 죽림명사의 일파 사람들 사이에서는 아들이 아버지의 이름과 호를 부를 수 있었습니다. 예로부터 전해 내려오는 예교를 죽림명사들은 받아들이지 않았던 것입니다.
- 같은 책, 157쪽 인용

술 마실 때 옷도 갖춰 입지 않고 상중일 때도 흐느껴 울지 않았으며 아들이 아버지의 이름과 호를 막 부른다? 이와 같은 행동이 아무리 유교적 교의에 대한 거부라 할지라도 목숨이 여러 개가 아닌 이상 공교가 대의인 시대에 너무 막 나간 것 같다. 더욱이 완적은 의미심장한 말을 남긴다. "천지가 분해되어 육합이 열리고, 별들이 떨어지고 해와 달이 기우는데, 내가 하늘로 솟아오른들 무엇을 그리워할 것인가?" 다소 자포자기하는 듯한 그의 말은 천지와 신선이 모두 무의미하여 세상만사 일체가 다 필요 없다는 뜻이었다.

혜강과 완적은 모두 당시 시대와 크게 어긋나는 언사와 문장을 짓고 결국 최고 권력자인 사마소에 의해 죽임을 당한다. 이들의 청담은 위진 만의 독특한 개성인 풍도를 결정짓는 중요한 요소로 자리매김하게 된다. 그렇다고 자신들의 목숨까지 내놓으면서 무슨 이유로 굳이. 왜.

진짜 같은 가짜, 가짜 같은 진짜

루쉰은 혜강과 완적에게서 다른 것을 보았다. 우리는 그저 그들이 표방한 유교에 대한 도전과 세속과 어울리지 않고 제멋대로 행동한 사실들의 표면만을 보고 이해할 수 없다거나 은둔처사의 행태라고 말하기 쉽다. 그러나 속단하긴 이르다.

위나라 조비는 사실 위나라 이전의 한나라의 헌제에게서 왕위를 선양받았다. 선양이라는 말은 황제가 자신의 친자가 아닌 덕성 있는 다른 사람에게 왕위를 넘기는 것을 말한다. 루쉰은 조비의 경우, 헌제의 자발적 선양이라는 방식을 취하고 있음에도 꺼림칙한 점이 있다고 본다. 루쉰은 조비가 헌제로 하여금 왕위를 넘기지 않을 수 없는 상황을 만들어 교묘하게 왕위를 찬탈했다고 보았다. 위진 시대 위정자들이 효(孝)를 기치로 내세운 것은 이유가 있었다. 만약 충(忠)으로 국가의 정치철학을 내세우면 자신들처럼 겉은 선양 속의 찬탈이라는 방식으로 악용할 소지가 다분했기 때문이다. 그렇기에 위진 시대에 "효로써 천하를 다스린다."는 논리는 거짓이다.

위진의 혜강이나 완적 이외의 많은 인사들이 불효라는 죄목으로 숱하게 죽음을 당한 이유가 여기에 있다. 충으로 간언하는 어떤 방식도 허용할 수 없다는 것. 자신들의 권력에 대항하는 어떤 것도 세력화시키지 않으려는 위진의 야심 속에서 효는 자기 맘대로 좌지우지할 수 있는 것이 되었다. 이러한 혼란 기운데 혜강과 완적은 자신만의 삶과 윤리의 방식으로 택한 것이 예교에 반대하는 방식 즉, 가짜로 사는 것이었다.

혜강과 완적의 죄명은 줄곧 그들이 예교를 파괴했다는 것이었습니다. 그러나 나 개인적인 소견으로, 이 판단은 잘못된 것입니다. 위진 시대에 예교를 신봉한 사람들을 보면 겉으로는 아주 괜찮은 것 같지만 실제로는 예교를 파괴했고 예교를 믿지 않았습니다. 표면적으로는 예교를 파괴한 자들이 실제로는 오히려 예교를 승인하고 예교를 너무 믿었습니다. 왜냐하면 위진 시기에 이른바 예교를 신봉한 것은 그를 통해 사리를 채우기 위한 것으로서 그 신봉도 우연히 신봉한 것에 지나지 않기 때문입니다.

- 같은 책, 161쪽 인용

위진이라는 정치적 난세, 그 속에서 살았던 혜강과 완적의 삶은 사실은 가짜였다. 그것은 겉으로는 예교를 신봉하는 것처럼 보이지만 실제로는 그것을 통해 자신들의 사리사욕을 채우는 데만 급급했던 통치자와 도덕군자를 향한 저항의 방식이었다. 위진의 통치자와 도덕군자들은 항상 엄숙한 말과 행동으로 자신들의 도덕성과 정당성을 내세웠지만 현실의 세태는 관직임용의 부정부패, 반대세력의 제거와 같이 온통 허위로 포장된 허위의 도덕이었다.

이런 시대를 살아가야 하는 지식인에게는 두 가지 방법이 있다. 하나는 가짜에 맞서는 진짜의 방식으로 사는 것과 다른 하나는 가짜에 가짜로 맞서는 방법이다. 전자는 옳아 보인다. 그러나 겉으로는 진짜 같아 보이는 가짜 앞에서 진정한 진짜는 무력하다. 어떤 것이 진실이고 어떤 것이 허위인지 진위를 가리기 힘들기 때문에 섣불리 덤벼들었다가 역으로 당하기 십상이다. 그렇다면 이제 가짜에게 가짜로 맞서는 것만 남는다.

예교를 믿지도 않으면서 그것을 간판으로 내거는 모든 가짜들에 대항하는 방법은 예교를 파괴하는 방법밖에 없다. 허위에는 허위로, 가짜에는 가짜로! 혜강과 완적의 예교 파괴적인 말과 행동은 사실은 예교 파괴가 아니다. 그들은 누구보다도 진정한 예교를 믿고 꿈꿨던 사람들이었다. 때문에, 그들의 기이하고 무모하기까지 한 말과 행위는 위진 시대의 허위 도덕 앞에서 가짜를 드러나게 만드는 가짜의 방법론이다.

한마디로 혜강과 완적은 일부러 그랬다. 상대의 가짜를 드러내기 위해서. 근거는 완적과 혜강이 자신들의 아들과 조카에게 자신들처럼 살지 말 것을 당부한 데서 유추해볼 수 있다. 완적은 죽림칠현에 들어오려는 자신의 조카를 만류했으며, 혜강은 『가계』라는 책을 써서 매사에 신중할 것을 조목조목 써 놓았다. 목숨이 열 개라도 되는 듯 권력에 대항했던 혜강과는 전혀 딴판의 교훈들을 아들에게 했던 것이다. 이것으로 미루어 볼 때, 완적이나 혜강은 난세가 그들을 그렇게 만든 것이지 본래의 마음은 누구보다도 예교를 존숭했던 사람들이었음에 틀림없었다.

위진의 풍도는 진실 앞에서 목숨조차 아까워하지 않은 그들의 진정성에 있었다. 그들이 마구 던지는 듯한 청담도 반대를 위한 반대가 아니라 정치적 현실에 대한 풍자와 냉소였던 것이다. 그렇기에 이들의 청담은 그 무엇보다도 정치적이다. 풍자가 정치적일 수 있는 이유는 그것이 공격적이라는 점에서다. 기존의 논리를 한순간 무화시키는 파괴의 지점에 풍자가 있다. 위진남북조의 청담은 정치적 난세에서 탄생한 빛나는 담론이다. 예교의 명분만을 빌려와 권력 유지의 수단으로 이용하는 것에 대한 저항이, 가짜인 사이비들에게 가짜의 방식으로 진짜를 표현하는 위진 은사들의 삶의 방식이었다.

루쉰은 왜?

이 글은 루쉰이 1927년, 7월 광저우 학술강연회에서 강연한 내용이다. 그리고 그해 8월 「현대청년」에 이 글을 발표한다. 그는 왜 이 시기에 위진남북조의 이야기를 모티프로 가져왔을까.

　　이제 이해하기 쉬운 비유를 들겠습니다. 예컨대, 어느 군벌이 있었는데, 북방-광둥 사람들이 말하는 북방과 제가 늘 말하는 북방의 경계는 약간 다른데, 저는 늘 산둥, 산시, 즈리, 허난 따위를 북방이라 부릅니다-에서 그 군벌은 이전에 국민당을 압박했지만 나중에 북벌군의 세력이 커지자 즉시 청천백일기를 걸어 올리고 자기는 이미 삼민주의를 믿고 있었으며 총리의 신도라고 말했습니다. 이렇게 하고도 부족해서 총리를 기념하는 주간을 만들었습니다. 이때 진짜 삼민주의의 신도들은 가야 할까요, 가지 말아야 할까요? 가지 않으면 군벌 쪽에서는 사람들에게 삼민주의를 반대한다고 죄를 덮어씌워 사람을 죽일 수 있습니다. 그러나 그의 세력에 있는 이상 달리 방법이 없으며, 총리의 진짜 신도들은 오히려 삼민주의를 언급하지 않거나 사람들이 거짓으로 능청스럽게 말하는 것을 듣고는 마치 삼민주의에 반대하는 듯한 모양으로 이맛살을 찌푸릴 것입니다.
　- 같은 책, 162쪽 인용

　　루쉰은 분명 무언가에 대해 분노하고 있었고, 위진남북조를 비유하여 말하고자 하는 바가 명확히 있었다. 이 강연이 행해진 1927년은 장제스의 국민당에 의해 상하이 정변이 일어난 해다. 상하이 정변은 장제스를 중심으로 한 국민당 우파가 국민당 안의 좌파와 공산당들을 타겟으로 한 정치, 군사적 쿠테타다. 그 결과, 장제스는 국민혁명군을 이끌고 대대적인 중국 통일을 위한 북벌을 수행하게 되면서 어마어마한 상하이 대학살이 감행되었다.

상하이 정변의 명분은 중국 통일이었다. 그러나 명분 뒤에 감추어진 국민당의 야심은 자신들이 정권을 잡겠다는 이익추구 이외에는 아무것도 없었다. 만약 국민당이 중국 인민을 조금이라도 생각했다면 3만 4천명의 사망자와 4만 명의 부상자와 2만 5천명의 체포라는 어마어마한 수의 사상자를 낸 피의 대학살은 있을 수 없었을 것이다.

루쉰이 보기에 이것은 위진의 통치자들의 허위적인 명분과 다르지 않다고 느꼈다. 위진의 효를 자신들의 명분으로 내세우며 그것에 대항하는 어떤 세력도 불효라는 명분 속에서 죽게 만드는 과정들이 당시 1927년 벌어진 현실 상황과 다르지 않다고 생각했다. 위진의 완적과 혜강이 허위의 통치자들 앞에서 가짜로 대항했듯, 루쉰 자신도 위진을 본보기 삼아 싸움의 전략을 바꾸는 계기로 삼았다고 볼 수 있다.

그래서인가. 이전의 『화개집』과는 사뭇 싸움의 결이 사뭇 다르다. 현대평론의 정인군자들과 직접 한판 벌이는 싸움이 아니라 마치 돌려차기 같다. 위진남북조라는 과거를 현재의 일로 빗대는 여유와 고도의 풍자가 느껴진다. 허위와 명분에 대응하는 진실은 악용될 수 있다. 가짜와의 정면 승부는 피할 것.

위진 시대의 풍도는 약과 술이라는 재미있는 요소에서 시작됐다. 그리고 혜강의 멋진 한방으로 이어진다. 그것은 진짜인 척 하는 가짜에게 가짜인 척 하는 진짜의 대응 방식이다. 위진 시대와 1930년대 중국의 현 상황을 가로지르며 역사와 비역사, 진실과 거짓을 탐사하는 이 강연이 계기가 된 걸까. 싸움의 기술이 과거를 현재로 끌어오는 방식이나 풍자의 방식으로 바뀐 것은 루쉰이 나중에 쓰게 될 『새로 쓴 옛날이야기』를 예고하기라도 하는 듯하다. 흥미진진하다.

자살은 개인이 할 수 있는 가장 내밀한
결단이자 더 이상 삶의 방식을 유지하지
않기로 한 윤리적 선택일 수 있다.
순간의 감정을 못 견딘 행위의 결과라 해도
마찬가지다. 자살을 죄악시하거나 약자의
행위라고 말할 근거는 더더욱 없다.
그렇게 말함으로써 자신이 자살한 자들보다
우위에 있다는 자만심의 표현으로밖에
느껴지지 않는다.

불쌍하지 않다

자살은 약자의 행위야.

『죽음에서 살아난 이야기』 속 순경이 말한다. 오백 년 만에 벌거벗은
채 다시 살아나 어리둥절하고 난처한 상황에 빠진 이 남자에게 말이
다. 곤란에 처한 사람에게 이 말은 자살을 하라는 말보다 더 무섭게
들린다. '자살은 약자의 행위'라는 문장은 이야기의 시작에 장자의 혼
잣말로도 쓰인다. 옛 성현인 장자나 현실의 순경이나 자살 앞에서 똑
같은 에티튜드를 보이는 이 소설을 쓴 배경은 1930년대. 이 시기의
중국 사회는 봉건적인 예교와 속박을 견디지 못해 자살하는 사람들
이 계속 늘어나고 있었다. 이들에 대해 사람들은 별 생각 없이 이런
말을 툭 내던지곤 했다. 자살은 약자의 행위야. 그런데 낯설지가 않
다. 이 상황.

설리가 죽고 구하라가 죽었다. 1930년대의 자살이 봉건적인 예
교와 속박이 원인이었다면, 2019년의 이들 자살의 원인은 무엇일까.
그간 보도된 것을 따라 유추해보면 30년대의 원인과 크게 다르지 않
다. 단지 사랑을 했을 뿐인데 설리는 나이 많은 남자와 만나는 이상
스런 취미라는 평을, 단지 사랑을 했을 뿐인데 구하라는 상대편 남자
에 의해 폭행을 당하고, 그 폭행의 이유가 성관계 동영상을 폭로하겠
다는 협박 끝에 벌어진 일이라는 게 또 한 번 이슈가 됐다. 사람들에
게 중요한 것은 노브라, 성관계 동영상, 애정행각, SNS 질, 폭행 사건

뿐이었다. 사람들은 이들의 죽음에 대한 안타까움에 5퍼센트의 비난을 섞어 이렇게 말했다. 그러게 왜 그렇게 나대? 봉건과 예교의 21세기 버전이랄까.

하지만 보도는 보도일 뿐 팩트가 아니다. 사실 아무도 이들이 왜 자살했는지 모른다는 사실이 팩트라면 팩트다. 아무도 이들 죽음의 원인을 모르면서 일부에서 페미니스트로 추켜세우거나 이들 만큼 탤런트가 없어서 다행히 자살은 하지 않은 자신에게 은근히 안도했다. 다른 한편, 잘 알지도 못하는 사회 구조의 문제를 들먹거리거나 어려움을 이기지 못한 나약한 의지의 결과로 평가하기 일쑤였다. 사회 구조나 나약한 의지를 문제 삼는 것보다 더한 진부함은 이런 말들이다.

악플을 보지 말지 그랬어, 라는 말은 하나마나한 소리다. 말은 쉽다. 그러나 초인적인 의지를 가지지 않는 한 악플을 보지 않긴 힘들다. 누구에게라도 터놓고 고민을 말하지 그랬어, 라는 말도 힘이 없다. 도대체 누구에게 말을 하단 말인가. 말을 한다 해도 일시적인 위로나 근거 없는 낙관 말고 뭐가 있을까. 스스로 이겨내야 라는 말도 자살은 약자의 행위야 라는 말과 무섭도록 같다. 한 달 전의 설리와 하루 전의 구하라에게, 이와 비슷한 고민을 하고 있는 사람들에게 진부하고 섣부르지 않은 방식으로 우리는 어떻게 말할 수 있을까.

사실 어떤 말도 할 수 없을 것 같다. 그렇지만 이런 말은 할 수 있을 것 같다. 보고 싶다고, 당신을 계속 보고 싶으니 사라지지 말라고. 이 글을 쓰던 중, 내가 이들을 불쌍하게 생각하는 것 아니냐는 말을 들었다. 나는 설리와 구하라가 불쌍하지 않다. 하지만 안타깝다. 불쌍하게 생각하는 것과 안타까운 것은 다르다. 불쌍하게 생각하는 것은 이들의 자살을 경시하는 것이지만 안타깝게 여기는 것은 이들을 계속 보고 싶은 마음에서 나오는 것이다. 나는 최근에야 <악플의 밤>이라는 티브이 프로그램을 통해서 설리가 이제 막 좋아지기 시작했기 때문이다. 게다가 비슷한 또래의 딸을 둔 탓인지 남일 같지 않다.

불쌍하다는 것은 연민의 마음이다. 연민의 마음의 가장 큰 폐단은 자신을 '불쌍한' 저들보다 우위에 위치시키고 있다는 점이다. 나의 어딜 보더라도 이들의 우위에 위치할 이유를 찾기 힘들다. 1935년 영화배우 롼링위의 자살에 대해 남긴 루쉰의 글은 통념에 따라 쉽게 말하는 우리를 직면하게 하는 좋은 예다.

> 롼링위의 자살에 대해, 나는 그녀를 위해 변호를 할 생각은 없다. 나는 자살을 찬성하지 않으며, 자살할 생각도 없다. 하지만 내가 자살하려고 하지 않는 것은 자살을 경시하는 것이 아니라, 그렇게 할 수 없기 때문이다. 어느 누가 자살을 한다면 지금은 강인한 평론가들의 비난을 받게 된다. 롼링위도 당연히 예외가 아니다. 하지만 내 생각에 자살은 사실 쉬운 일이 아니다. 결코 우리같이 자살할 마음이 없는 사람들이 경멸할 만큼 그렇게 간단히 실행할 수 있는 것은 아니다. 만약 쉽다고 생각하는 사람이 있다면 어디 한번 해보라!
> - 『차개정잡문 2』, 「"사람들의 말은 가히 두렵다"에 관해」, 그린비, 440쪽 인용

요즘 애들은 뭐든 너무 쉬워. 목숨 소중한 줄 모르고 쯧쯧. 이들의 자살 소식이 전해지던 날, 누군가의 입에서 이런 말이 나오자 나와

주위 몇몇이 동조하고 나선다. 쉬운 건 이런 말이다. 요즘 애들이라고 목숨이 쉬웠겠는가. 자살이 비단 요즘 애들만의 문제도 아니고 목숨을 소중하게 생각하지 않아서도 아니다. 자살은 개인이 할 수 있는 가장 내밀한 결단이자 더 이상 삶의 방식을 유지하지 않기로 한 윤리적 선택일 수 있다. 순간의 감정을 못 견딘 행위의 결과라 해도 마찬가지다. 자살을 죄악시하거나 약자의 행위라고 말할 근거는 더더욱 없다. 그렇게 말함으로써 자신이 자살한 자들보다 우위에 있다는 자만심의 표현으로밖에 느껴지지 않는다.

『죽음에서 살아난 이야기』 속 영문도 모르고 다시 살아나게 된 남자는 그 후 어떻게 되었나. 삶과 죽음에 대해 고급스런 말을 늘어놓던 장자도 바쁜 용무도 가버리고, 공권력의 상징인 민중의 지팡이 순경도 모르는 척 호루라기만 불어댄다. 거리로 나가보게 바지만 좀 빌려 달래도, 다른 방법을 좀 찾게 경찰서로 데려다 달래도 둘은 모른 척이다. 바지도 빌려줄 수 없고, 방법도 찾아줄 수 없으면서 장자는 삶과 죽음에 대한 말들은 한바탕 그럴싸하게 늘어놓는다. 공권력을 방패삼아 불어대는 순경의 호루라기 소리로 온 사방이 시끄럽다. 영 낯설지가 않다.

유명인들은 유명하지만 무력하다. 그러나 세인들의 입방아에 오르내리기 쉽고, 특정 집단의 이익을 위한 이슈가 되기도 한다는 점에서만 그렇다. 뒤집어 보자. 이들은 유명하기에 누구보다도 무력하지 않을 수 있다. 삶을 살아갈 때도 그랬고 죽음을 맞이할 때도 그랬다. 설리와 구하라. 이들에 대해 이러쿵저러쿵 떠드는 우리 중 그 누구도 그들처럼 살지도 못했고, 그들처럼 죽지도 못했다.

6개월 내내 월급을 모아서 명품 백을 사는
사람은 노동자일까, 부르주아일까.
만약 이 사람이 문학을 한다면 이 사람이 하는
문학은 혁명문학일까, 아닐까.
루쉰은 혁명문학이 프롤레타리아계급에서만
가능하다고 보지 않는다.

6개월 월급 모아 명품 백을 사는 사람은

이래저래 몽롱하다

루쉰, 이번에는 혁명문학이다. 그가 세상에 글이라는 것을 발표하는 순간부터 지금까지 온갖 종류의 싸움의 중심에 그가 있었다. 그런데 이번에는 제대로 문학논쟁이다. 「'취한 눈' 속의 몽롱」이란 글의 발단은 1928년 창조사의 펑나이차오가 '흐뭇하게 취한 눈'이라는 표현으로 루쉰을 공격한 것에서 시작되었다. 그들이 보기에 루쉰은 술집 구석에서 흐뭇하게 취한 눈으로 세상을 보는 일밖에는 할 줄 모르는 늙은이로 전락했다는 것이다. 한마디로 루쉰은 왜 혁명문학을 하지 않느냐는 것. 우리가 알기로 루쉰은 누구보다도 문학을 통한 중국의 혁명을 강조했던 사람이다. 그런데 왜 그는 이런 욕을 먹으면서도 혁명문학을 하지 않았을까.

중국의 5.4 신문화운동이 신구 대립의 긴장 구도 속에 있었다면 혁명 문학은 좌우의 문제였다. 1928년 일본 유학생들에 의해 발흥된 혁명문학 논쟁을 보면 문학은 혁명을 위한 수단으로 사용되어야 한다는 것, 그래서 현실참여적인 문학이 아닌 글은 한낱 '유한'계급의 '취미'에 불과하다는 것이 그 요지다. 그러나 루쉰은 혁명문학을 부르짖는 그들에게 반기를 들며 말한다. 몽롱한 것은 너희들이다.

혁명문학을 하는 이들은 두 가지 이유에서 몽롱하다. 하나는 관료와 군벌들을 상전으로 모시고 있는 자들이다. 이들이 몽롱한 이유는 관료와 군벌이라는 상전과 얽혀 있거나 앞으로 얽힐 예정이므로 그들과 화기애애하기 위해 글도 화기애애할 수밖에 없다. 하지만 그들도 약간의 생각은 있었는지 대놓고 상전에 아부하는 글은 쓸 수 없었다. 대놓고 아부는 못 하겠고 무산자들의 봉기는 두려우니 당연히 글이 애매해질 수밖에. 이들이 웃는 낯으로 쓰는 글은 그래서 몽롱하다.

다른 한편에 앞선 부류들보단 덜 하지만 또 다른 종류의 몽롱한 그룹이 있다. 이들은 관료와 군벌과 인연을 끊었거나 본래부터 대중을 향해 있었던 혁명파들이다. 권력과 인연을 끊고 대중을 향한다? 보통 다짐들이 아니다. 이런 사람들의 글은 두려움에도 굴하지 않는 강직한 기개를 띄고 있어야 맞다. 그런데도 그들의 글은 얼마간 몽롱하다. 왜? 상전들의 '샤벨(허리에 차는 서양식 칼)' 소리를 완전히 무시할 수는 없기 때문이다. 혁명문학은 전자처럼 몽롱하게 하려다 스스로의 본색이 드러나거나, 후자처럼 본색을 드러내려다 도리어 몽롱해진다. 그래서 혁명문학은 이래저래 몽롱하다.

누가 혁명문학을 말하는가

1928년 2월, 창조사의 청팡우는 「문학혁명에서 혁명문학으로」라는 제목의 글을 발표한다. 그의 문학론은 과거에는 '문학혁명'이었다면 이제는 '혁명문학'으로 바뀌어야한다는 것이다. 과거 5.4 문화운동으로 비롯된 문학혁명이 낡은 것을 타파하고 새로운 서구문물을 적극

수용하는 방식이었다면 혁명문학은 이제 프롤레타리아트 즉, 무산자 계급을 위한 문학을 해야 한다는 것이다. 이 시기 창조사나 태양사같은 잡지에서 갑자기 여러 가지 몽롱한 간행물들이 쏟아져 나온 이유는 이들에게 사회주의가 주된 이념으로 떠올랐기 때문이다. 러시아를 비롯한 다른 나라들은 이미 계급문제가 첨예하게 되어 성숙한 단계에 이르렀지만 중국은 이제 막 시작이기에 이런 거창한 제목의 글들이 나온 것이다. 이런 거창한 제목의 글의 목적은 따로 있었다.

> 명료한 의식으로 자기 사업에 힘씀으로써 대중들에게 끼친 부르주아 계급의 '이데올로기'의 여독과 영향을 청산하고, 대중을 쟁취하여 그들에게 부단한 용기를 줌으로써 그들의 자신감을 확보해 주어야 한다! 당신이 전체 전선의 한 분야에 서있다는 것을 잊지 말아야 한다! 전쟁터에서 보고 들은 농민과 노동대중의 극렬한 비분, 영웅적 행동과 승리의 기쁨을 열성으로 묘사해야 한다! 이렇게 해야만 최후의 승리를 보장할 수 있다. 당신은 뛰어난 공훈을 세울 수 있고 떳떳한 전사가 될 수 있다.
> - 『삼한집』, 그린비, 335쪽 주석

앗, 뜨겁다. 창조사 청팡우의 뭐뭐 해야 한다!로 일관된 강한 주장으로 가득한 글이다. 혁명 문학을 해야 하는 이유가 대중들에게 끼칠 부르주아 계급의 악덕의 청산을 위해서라는 것도 좋다. 농민과 노동자 속으로 들어가 그들을 위해 비분강개하는 글을 위해서라는 것도 좋다. 그래서 그들에게 자신감과 용기를 불어넣기 위함인 것도 좋다. 루쉰의 질문은 이거다. 만약 최후의 승리를 확보하기 어려울 경우 어떻게 할 것인가. 대중을 쟁취하여 최후의 승리를 보장 받지 못하게 될 경우 다시 말해, 프롤레타리아 혁명이 승리하지 못할 경우 이들은 어떤 자세를 취할 것인가.

이들의 목적은 무산자의 계급투쟁이 아니다. 이들은 이기는 편에 서는 것이 목적이다. 혁명이 성공하면 프롤레타리아 편에 서고 혁명이 실패하면 자신들의 상전인 국민당이나 군벌 편에 선다. 그래서 처음 혁명문학을 내세웠을 때와 똑같이 나중에 상황 봐서 "결사적으로 아무것이나 붙들"게 되는 것이다. 이것이 바로 혁명문학을 한다는 자들의 자기기만적 몽롱함이다.

그렇다면 이런 질문이 떠오른다. 혁명문학은 도대체 누가 하는가. 우선 리추리의 말을 보자. 이와 비슷한 시기에 리추리는 혁명문학은 반드시 프롤레타리아 계급이 쓰지 않아도 좋다고 말했다. 프롤레타리아 계급의식에서 나온 것이기만 하면 누가 쓰든 문제되지 않는다는 것. 이 말은 프롤레타리아 문학은 부르주아 계급이 써도 프롤레타리아 문학이 된다는 것이다.

그러면서도 툭 하면 이렇게 묻는다. 루쉰은 도대체 어느 계급 사람인가? 답은 이전에 이미 청팡우가 말한 바 있다. "그들이 긍지로 삼는 것은 한가(閑暇), 한가, 세 번째도 한가이며, 그들은 부르주아 계급 혹은 북(鼓) 속에서 잠자고 있는 프티부르주아 계급을 대표하고 있다. …만일 베이징이 오염되고 혼탁한 공기를 10만 냥의 연기 없는 화약으로 폭파하지 않는다면 그들은 영구히 그렇게 살아갈 것이다."

혁명문학을 주창하는 사람에게 유한계급은 돈 있는 자에다 혁명문학을 하지 않고 있는 자다. 청팡우의 말에 의하면 루쉰은 유한

이 세 번이나 겹친 삼한(三閑)인 사람이므로 거의 황제급인 부르주아 중의 부르주아가 된다. 이러한 비약은 오명을 뒤집어씌우기 딱 좋다. 왜냐하면 혁명문학을 한다는 자들의 소행이 보기 싫어서 혁명문학을 하지 않고 있는 루쉰 같은 사람에게 혁명문학을 하지 않는 것은 혁명에 반대하는 것이고 혁명을 지체시키는 행위라는 명분으로 악용될 소지가 있기 때문이다. 혁명문학 문제에서 중요한 것은 누가 혁명문학을 말하는가다. 말로는 혁명문학을 뜨겁게 외치고 있으면서 자기 잇속을 챙기는 게 목적인 사람들이 가리고 있는 '몽롱'이 무엇인지 볼 수 있어야 한다.

월급 모아 명품 백을 사는 사람은?

6개월 내내 월급을 모아서 명품 백을 사는 사람은 노동자일까, 부르주아일까. 만약 이 사람이 문학을 한다면 이 사람이 하는 문학은 혁명문학일까, 아닐까. 루쉰은 혁명문학이 프롤레타리아계급에서만 가능하다고 보지 않는다. 문학에는 분명 계급성이 있다. 문학은 자신의 신체성에서 나오는 것이기에 자신의 성격과 감정을 초월하거나 자신의 계급성을 초월해서 존재하는 것은 아니다.

그런데 이런 건 어떤가. 계급과 계급성은 다를 수 있다. 계급은 유산자이지만 계급성은 무산자일 수 있고 반대로 계급은 무산자이지만 계급성은 유산자일 수 있다. 중요한 것은 자신이 유산자이건 무산자이건 실제의 계급이 중요한 게 아니라 '혁명인'이 되는 것이 중요하다. 루쉰은 이렇게 말한다. "모든 것이 계급을 초월했다는 것을 믿지 않고, 해와 달처럼 영원한 대문호의 문장도 믿지 않습니다. 또한 서양식 건물에 살면서 커피를 마시고 "나만이 무산계급의식을 파악하고 있기 때문에 나는 진정한 프롤레타리아다." 라고 말하는 혁명문학자를 믿지 않습니다."

나만이 진정한 노동자 계급이고 노동자 계급 출신 이외의 사람이 하는 노동자에 대한 말과 글은 믿지 않겠다는 사람이 있다면, 먼저 자기 자신을 잘 돌아봐야 한다. 명품 백 대신 그것을 대신할 다른 무엇을 명품처럼 신봉하는 건 아닌지. 루쉰은 혁명문학을 '말하는' 자들을 믿지 않는다. 루쉰이 믿는 것은 어떤 사람이 문학을 할 때, 그가 하는 그 문학을 믿는 것이다. 그 어떤 사람은 자신을 매번 '혁'할 수 있는 사람으로 사는 사람이다. 그런 사람이 하는 문학이 혁명문학이다.

취한 눈의 늙은이

흐릿하게 취한 눈 속의 늙은이는 오늘도 끄적끄적 글을 쓴다. 유한계급의 고급 취미라 해도 상관없다. 그것이 고서든 뭐든 청팡우나 리추리와 같은 창조자인들이 방해만 하지 않는다면 그는 "여덟 시간 일해서 밥을 벌고 남은 시간에 컴컴한 방구석에 들어 앉아" 계속 자신이 '좋아하는' 글을 쓸 것이다. 그들의 바람대로 유한계급에서 내려와 하루 여덟 시간 노동하는 프롤레타리아계급이 된다 해도 루쉰이 쓰는 글은 루쉰이 좋아하는 글이지 창조자인들이 주장하는 혁명문학은 아니다.

루쉰의 모습에 몽롱하길 잘 하는 또 한 늙은이의 모습이 겹친다. 유한에 유한 그리고 또 유한인 사람이 쓰는 글쓰기가 몽롱하지 않다는 걸 꼭 누군가에게 증명할 필요가 있을까. 갑자기 프롤레타리아 흉내라도 내야하나. 그건 자기기만일 텐데. 술에 취한 눈은 용서할 수 있어도 자기기만에 취한 눈은 용서할 수 없다. 루쉰이 생각하는 혁명문학은 날마다 자신을 '혁'할 수 있는 혁명인으로 사는 문제였다. 쓸수도 없는 걸 억지로 쓸 순 없으니 자기가 좋아하는 걸 쓰면 된다. 정의로움과 자기기만을 매번 '혁'하면서 계속. 이게 혁명문학이지 별게 혁명문학인가.

나 역시 루쉰과 같으리라. 지금은 몸이 아프니까
일단 좀 쉬고, 돈은 입에 풀칠할 정도만 벌어도
돼. 꿈은 100년 동안 매일매일 할 수 있는 걸
하는 거고. 그리고 사랑하는 사람과 서로 보듬어
주면서 잘 지내. 이렇게 말하지 않을까.
부모가 아니라 인생 선배로서.

Y에게

여기 한 청년이 있다. 오늘도 변함없이 먹기도 싫은 술 접대를 마치고 지금 막 회사에서 돌아오는 길이다. 한 때는 꿈도 많았다. 원하는 대학만 들어가면, 원하는 회사만 들어가면. 이렇게 말하는 어른들의 말을 철썩 같이 믿고 삶을 유보해 왔다. 참 많이 스스로를 다그친 시간이었다. 꿈의 직장이던 대기업에 입사도 했는데. 계획대로라면 지금 행복해야하는 게 맞는데. 그가 지금 운다. 집으로 돌려보내는 거래처 사람들의 택시 뒤꼭지에 90도 인사를 하고 돌아서는 발밑으로 눈물이 툭 떨어졌다.

여기 또 한 청년이 있다. 그는 오직 대학에 들어가는 게 목표였고 별 다른 생각은 없었다. 대학에 들어와 보니 정말 별 것 없었다. 강의가 끝나면 우르르 어딘가로 몰려갔다. 어디든 '천박과 맹목'뿐이었다. 그러다 혁명을 만났다. 혁명은 출로를 찾던 이 청년의 마음을 치는 데가 있었다. 그러나 혁명은 청년의 마음뿐 아니라 몸도 쳤다. 그는 지금 피를 토하며 병상에 있다. 그의 이름은 Y.

두 청년의 삶의 거리는 백 년. 그러나 둘은 너무도 닮아 있다.

여기 또 한 사람

1928년 3월, 루쉰은 한통의 편지를 받는다. 청년 Y에게서 온 것이었
다. 1927년 장제스에 의해 공산당원 및 좌파가 숙청된 '청당'사건이
이 청년에게 너무나 큰 절망을 주었다. 병상의 청년 Y는 루쉰에게 편
지를 쓴다. 제발 무슨 말이라도 해달라고. 지금 죽을 지경이라고. 권
력 투쟁이 되어가는 혁명의 현실과 그것으로 인한 자신의 절망적 심
정을 쓴 편지를 루쉰에게 보내면서 그는 이 편지를 경고라 했다. 하
지만 그것은 경고가 아니라 절규에 가까웠다. Y가 마신 혁명의 '독약'
은 치명적이었다. 그는 이제 마지막 길을 제시해달라고 요청한다. 혁
명을 통해 더 지독해져버린 절망으로부터 마지막 남은 길은 무엇인
가. 루쉰 당신이 과거에 우리에게 제시했던 길을 이제 당신에게 다시
묻는다. 루쉰이여 답하라.

　　이 시기 루쉰은 침묵하고 있었다. 침묵은 이번이 처음은 아니었
다. 이전의 침묵은 말의 공허함 대신 침묵의 충실함을 느낀 순간들
때문이었다면 지금의 침묵은 공포 때문이었다. 침묵의 질이 전혀 달
랐다.

　　루쉰의 공포는 여러 모습을 하고 다가왔다. 우선 루쉰은 자신이
청년들에게 희망을 걸었던 것이 망상이었음을 깨달았다. 청년들끼리
서로 밀고하고 죽이는 행위를 보며 기성세대와 다를 바 없음에 실망
한 것이다. 그리고 그 유명한 취하(醉蝦)가 있다. 취하는 새우를 술에
취하게 해서 살았는지 죽었는지 모를 애매한 상태로 만들어 먹는 고
급 요리다. 취하라는 말은, 연회의 흥취를 돋우는 역할이 되기 쉬운

루쉰 자신의 글쓰기와 싸움에 대한 경계의 의미로 루쉰 자신이 썼던 말이다. 자신의 글과 싸움이 자칫 적들의 연회에 흥을 돋우는 싱싱한 이야깃거리들을 제공하는 것이어서는 안 되는 일이었다. 이것은 루쉰 자신뿐만 아니라 자신 때문에 피해와 고통을 받는 Y와 같은 사람들 때문이기도 했다.

하나가 더 있다. 말하기와 글쓰기의 부질없음이다. 루쉰은 자신의 첫 소설 『광인일기』의 마지막에 "아이들을 구하자"로 끝을 맺었다. 그러나 지금과 같은 상황에서 이런 말은 공허한 헛소리일 뿐이다. 일단 구할 사람이 없다. 서로가 서로를 죽이는 사회를 구성한 사람들이 기성세대인데 누가 아이를 구할 것인가. 게다가 지금의 사태는 어른들을 충실히 본받은 아이들이 서로 물어뜯느라 정신없는 판국이다.

맥 빠지는 일은 더 있다. 사회를 공격하는 글을 아무리 써봤자 사회는 루쉰이 공격하고 있는 줄도 모른다는 사실이다. 싸움은 지식인들끼리의 일이라서 문맹인 4억의 중국인들은 열외였다. 당연히 말과 글로는 사회의 변화를 기대할 수 없었다. 만약 루쉰이 쓴 급진적인 글들을 중국인민들이 읽는다 해도 민중이 그를 악으로 몰아갈 가능성이 컸다. 전통적 사고방식에서 보면 루쉰이 충분히 나빠 보인다. 그들의 무지로 인해 루쉰이 오히려 목숨을 부지할 수 있었다는 게 다행이라면 다행이다. 루쉰은 이 시기를 힘겹게 넘기고 있는 중이었다. 침묵은 포기나 좌절이 아니라 취하가 되지 않고 살아내기 위한 루쉰의 또 다른 삶의 방식이다. 두 청년과 닮아 있는 또 한 사람. 그 사람이 바로 루쉰이었던 것.

혁명이 아니라 혁, 혁, 혁, 혁, 혁.......

Y에게 루쉰의 침묵은 새로운 시도에 대한 포기로 느껴졌다. 이제 어떤 시도도 할 수 없다는 절망감이 Y의 고통을 더욱 가중시킨다. 루쉰 때문에 혁명을 사랑했고, 혁명 때문에 절망했고, 절망 때문에 이제 병까지 얻어 아무 것도 할 수 없게 됐다. 책임지고 답해야 할 의무가 루쉰에게 있었다. Y가 바라는 마지막 새로운 길에 대한 제시의 요구 앞에서 루쉰은 침묵을 깨고 이렇게 답한다. 살아있는 우리가 해야 될 게 있잖아.

비록 Y는 아프고 루쉰은 침묵하고 있지만 이들은 살아 있다. 루쉰과 Y는 도처에 죽음인 혁명의 길 위에서 운 좋게도 생존해 있는 사람들이다. 영웅들은 교수대 위에서 이미 죽었고, 살아남은 자들은 운이 억세게 좋게나 아니면 약삭빠른 사람들이다. 그런 사람들끼리 책임을 전가할 수도 누군가 영웅의 면모를 가졌다고 착각할 수도 없다. Y의 길을 제시할 사람은 루쉰이 아니다. Y다. Y가 가진 루쉰의 영웅적 행위에 대한 기대와 선구자적 시선에 대한 루쉰의 답이었다.

목숨 부지하고 현재 살아 있음이 말해주고 있는, 영웅도 선구자도 아닌 존재. 루쉰은 살아남은 자신을 이렇게 얘기한다. 하지만 영웅이 아니기에 살아 있고, 살아 있다는 것은 혁명을 계속할 수 있음을 의미한다. 다만 혁명을 계속하는 데 있어 경계해야 할 것은 '지나침'이다. 현재 중국이 가진 '암흑'의 깊이를 알지 못한 채 혁명에 대한 판타지를 갖고 뛰어드는 무모함, 혁명의 시도가 가져다 줄 자신의 삶과 일상에 대한 고려를 하지 않는 미숙함에 대한 경계로 인해 루쉰의 말은 절절하다.

일찍이 루쉰은 이런 지나침을 두고 '오 분 간의 열정'이라 했다. 일본 제품 안 쓰기를 한다 치면, 먹지도 마시지도 않고 7일 동안 하거나, 통곡하고 눈물을 줄줄 흘리면서 한 달 간 실행하는 것 보다 연극도 구경하면서 10년, 친구도 사귀면서 50년, 사랑도 속삭이면서 100년 간 실행하는 편이 낫다. 100년 동안 실행해야 하는 게 혁명이라면 한 번의 혁명으론 불가능하다. 살면서 하는 게 혁명이다. 연극도 구경하고, 친구도 사귀고, 사랑도 하면서 그렇게 일상 속에서 혁명의 혁명, 혁명의 혁명. 혁명의 혁, 혁, 혁, 혁.....을 끊임없이 하는 게 혁명이다.

세상의 모든 Y에게

Y와 루쉰 둘 다 고통스럽다고 해서 달라지는 건 아무 것도 없다. 루쉰의 고통으로 Y의 고통을, Y의 고통으로 루쉰의 고통을 갚아줄 수 없다. 고통은 엄정한 사실이지만 좌절과 실패로 고통스럽다한들 혁명과 죽은 목숨들을 위해 어떤 의미도 부여하지 못 한다. 루쉰은 Y의 마지막 길에 대한 제시를 이런 당부의 말로 대신하고 있다. 영웅이 아닌, 삶을 살아가는 인생의 선배로서.

잠시 놓고 계실 것을 권하는 바요. 아주 조금 입에 풀칠할 것만 생각하고. 그렇다고 당신이 영원히 '몰락'하는 것을 나는 바라지 않소. 개혁할

수 있는 곳은 크건 작건 간에 아무 때나 닥치는 대로 개혁할 일이오. 나
도 명령에 따라 '쉴'뿐만 아니라 놀기까지 할 거요…우연히 무언가 지장
이 있는 발언이 있다면, 그것은 문자가 소홀해진 것이지, 나의 '동기'나
'양심'은 아마 그렇지 않을 것이오. 종이가 다 되어서 이것으로 회신을
마치오. 아무쪼록 조섭을 잘 하시기 바라오. 그리고 당신의 애인이 굶주
리는 일이 없기를 기원하오.

-『삼한집』, 「통신」, 그린비. 376쪽 인용

잠시 쉴 것, 입에 풀칠할 정도만 생계를 도모할 것. 그리고 애인을
돌볼 것. 몸도 마음도 아픈 Y에게 해 주는 현실적인 말이다. 루쉰이
청년들과 혁명과 삶을 대하는 마음에 무엇이 있는지를 보여주는 말
로 인해 먹먹하다. 여기에는 혁명을 위해 혹은 혁명 아닌 그 무엇으
로부터도 자신의 존재를 받치고 있는 삶의 중요한 가치들을 훼손해
서는 안 된다는 루쉰의 메시지가 담겨 있다. 가장 일상적인 것이 흔
들리지 말아야 혁명도 삶도 가능하다.

잠시 잊고 있던 맨 위의 청년에게로 돌아가 보자. 고생고생해서
학교를 졸업하고 취업을 했더니 기다리고 있는 것은 절망과 우울뿐
이던 경험. 너무도 우리의 이야기다. 상상해 보자. 자신의 꿈을 좇던
아들이 어느 날 병상에 누워 나를 보며 이렇게 질문한다면? 엄마 말
대로 열심히 공부해서 대학 가고 취직했더니 하루하루가 지옥 같았
어. 결혼은 꿈도 못 꾸겠고 몸도 마음도 아파. 이제 난 뭘 하면 돼? 이
렇게 묻는다면.

나 역시 루쉰과 같으리라. 지금은 몸이 아프니까 일단 좀 쉬고, 돈

은 입에 풀칠할 정도만 벌어도 돼. 꿈은 100년 동안 매일매일 할 수 있는 걸 하는 거고. 그리고 사랑하는 사람과 서로 보듬어주면서 잘 지내. 이렇게 말하지 않을까. 부모가 아니라 인생 선배로서.

魯쉰과 함께

2019 파르티잔 글모음집

2020년 1월 2일 초판 1쇄

지은이 성연

북디자인 쏭코

펴낸곳 비일비재

펴낸이 신경아

출판등록 제25100-2016-000070호

팩스 0502-989-9748

전화 02-303-6748

이메일 biilbijae@gmail.com

ISBN 979-11-967660-1-6